Petra Aiana Freese

Maha Cohan

Quantensprung im Wandel der Zeit

Bitte fordern Sie unser kostenloses Verlagsverzeichnis an:

Smaragd Verlag
In der Steubach 1
57614 Woldert (Ww.)
Tel.: 02684.978808
Fax: 02684.978805
E-Mail: info@smaragd-verlag.de
www.smaragd-verlag.de

Oder besuchen Sie uns im Internet unter der obigen Adresse.

© Smaragd Verlag, 57614 Woldert (Ww.)
Deutsche Erstausgabe Januar 2009
Cover: Eva-Maria Ammon
Illustrationen Cover:
© Johan Kneslen - Fotolia.com
© Vilnis - Fotolia.com
© Svetlana Romanova - Fotolia.com
Umschlaggestaltung: preData
Satz: preData
Printed in Czech Republic
ISBN 978-3-938489-79-6

Petra Aiana Freese

Maha Cohan

Quantensprung im Wandel der Zeit

Smaragd Verlag

Über die Autorin

Die Autorin ist seit 1999 spirituelle Lehrerin, nachdem sie auf Grund eigener schwerer Erkrankung viele Heilungswege gegangen ist, auf denen sie von dem Aufgestiegenen Meister Maha Cohan geführt und begleitet wurde. Da sie die herkömmlichen spirituellen Einweihungswege selbst als unzureichend empfand, wurde ihr 1998 von Maha Cohan der Neuner-Weg als Einweihungsweg für Reiki-Meister/innen gegeben.

Im Jahre 2005 gab Maha Cohan die Angaben für das 11-Chakren-System durch und fügte im Jahre 2006 die jeweiligen Erzengel und Meister/innen dazu. Es entstanden die CAMIs.

Im Jahre 2003 „meldete" sich Lady Portia als Begleiterin für die Verbindung zu der großen Schöpfer-Göttin, und es entstand auch mit Lady Portia eine wunderbare und bereichernde Zusammenarbeit, die aus dem Leben der Autorin nicht mehr wegzudenken ist.

Die Autorin lebt zurückgezogen in Schleswig-Holstein mit ihrem Mann, einem erwachsenen Sohn und den gemeinsamen Katzen.

Sie ist die Urheberin des „Neuner-Weges" und der „Arbeit mit den vier Kräften".

www.mahacohan.de
eMail: info@mahacohan.de

Inhalt

- Vorwort und Widmung 7
- Wiederkehr 9
- Lemuria, Atlantis und Mu 15
- Kosmische Rhythmen 26
- Leben und Sein auf Lemuria, Mu und Atlantis 31
- Erkennen und Erinnern 40
- Die Reise der Seele und Karma 55
- Dimensionen 64
- Multidimensionales Sein 78
- Zeit 84
- Die sieben Hemmungen 92
- Die drei Selbste 119
    Meditation zu den drei Selbsten
    (Bewusstwerdung) 131
- Begrenzungen des alltäglichen Selbst 143
- Die fünf Hüteengel *oder* Die fünf Strahlen 149
- Spirituelle Freiheit 159
- Göttin, Gott, Götter 169
- Kinder 177
- Spirituelle Arbeit mit Kindern 186
- Die Zahlen deines Lebens 192
- Meisterliches Sein 231
- Gebet und Aktivierung des zwölften Chakras 237
- Nachwort 240

Vorwort und Widmung

Alte Verbindungen und neue Verbindungen, die sich als uralt herausstellen.

Dieses Buch widme ich meiner Mutter, die es mir ermöglichte, in einer freien und natürlichen Spiritualität aufzuwachsen und meine spirituellen Gaben zu erhalten. Sie konnte mich und meine unendlichen Fragen aushalten und übersetzte mir die Welt, in die ich inkarniert war.

Und ich widme es meinem Mann, der mir seit über 30 Jahren mit unglaublicher Einsatzfreude Möglichkeiten eröffnet, die ich nie für möglich hielt. Und der mich in meinen spirituellen Krisen begleitete und mir die so genannte Bodenhaftung gab. Und mich mit seiner Liebe zu den Steinen und Kristallen dazu brachte, mich zu erinnern.

Und ich widme es ganz besonders meinem Sohn, der mir die Göttin brachte und mich alles lehrte, was solch ein wunderbares Kind eine Mutter nur lehren kann.

Danken möchte ich aus ganzem Herzen meiner Freundin Eva-Maria Ammon, die in ihrer wunderbaren klaren Art zusammen mit den Meisterinnen und Meistern mein Versteckspiel beendete, und Mara und Gaby vom Smaragd Verlag, die mich mit Mut, Geduld und Freude als Autorin aufnahmen und nehmen.

Und ich danke der großen Schöpfergöttin für all die Schönheit, Kraft und Vielfalt, die sie mir tagtäglich aufs Neue präsentiert, und die mein Herz mit unendlicher Liebe und Freude erfüllt.

Und natürlich danke ich aus ganzem Herzen Maha Cohan für alles.

Petra Aiana Freese

Wiederkehr

Die Energien steigen und steigen immer weiter an; ein Zeitpunkt in der Geschichte Gaias, auf den wir alle sehnlichst unendlich lange Zeit gewartet haben.

Ich spreche von Zeit, ich, Maha Cohan, denn bin ich auch oftmals und lange fern eures Universums gewesen, sind mir die Zyklen und Rhythmen Gaias vertraut und geliebt.

Oft war ich anwesend in vielen Kulturen, oftmals genau in der Energie, in der ich heute anwesend bin. Immer wieder war ich die „spirituelle Führung", die sich selbst nicht verkörperte, die nicht körperlicher Mensch wurde. Die Wechselphasen von Lemuria, Mu und Atlantis und dann die Entstehung der sogenannten „Hochkulturen" wurden von mir begleitet, und manches Mal war ich eng verbunden mit der jeweiligen „Führung" in deiner Dimension.

Als das Ego immer stärker wurde und die spirituelle Anbindung immer schwächer, habe ich mich zusammen mit all den anderen Kräften des Lichts immer wieder um Kontakt bemüht und war Ratgeber und weiser Führer für die Verbindung zwischen Mensch und Kosmos.

Niemals wurde Gaia endgültig von mir und uns verlassen; wir trugen euren Schmerz und eure Freude mit euch und Gaia und hielten immer, wenn auch lange Zeit kaum spürbar, die Verbindungen.

Wir haben es so gewollt, wir alle. Wir haben die Zeit eingebaut, haben die Schöpfung unterteilt in linear und multifunktional, wir haben das Gitternetz erschaffen und gestaltet. Wenn ich von wir spreche, meine ich euch und uns. Wir waren nicht getrennt, lange nicht. Wir wussten alle, was geschehen würde, und wir stellten uns dem. Unser aller Motiv war und ist Liebe. Wir wussten, wir können es halten und aushalten, durchstehen und überleben, denn wir alle haben eine gemeinsame große Liebe, und diese Liebe heißt Gaia.

Gaia ist der manifestierte Ausdruck der großen Schöpfergöttin, die Göttin der unendlich vielen Namen. Ja, ihr braucht und wir brauchen Namen, und jeder Name drückt etwas aus. Jeder Name besteht aus Buchstaben, Selbstlauten und Mitlauten, und jeder Name hat einen Sinn. Nehmt alleine auf Gaia alle Namen für alles, was einen Namen hat. Nehmt alle Namen und sagt sie auf. Könnt ihr das? Kennt ihr alle Namen?

Nein, ihr kennt nicht alle Namen, und das ist gut so. Aber wenn du versuchst, alle Namen zu kennen oder dich an alle Namen zu erinnern, wirst du dein Gehirn aktivieren, und du wirst es verbinden mit der großen kosmischen Datenbank. Du wirst einen Schritt in eine andere Dimension machen, zumindest in Gedanken. Aber der Gedanke ist der Anfang, dem Gedanken kannst du folgen. Am Anfang steht immer der Gedanke oder die Idee.

So sind auch wir damals dem Gedanken gefolgt, als wir zu Gaia kamen. Sie hatte ihre ganz eigene Entwicklung gemacht, und ich verliebte mich sofort in sie. Wir betraten und betreten keinen Planeten, ohne zu fragen, und wir begegnen einander in Respekt und Liebe. In der Liebe, aus der die große Schöpfergöttin dieses wunderbare Universum erschaffen hat, das eines von vielen Universen ist. In dem Wissen, dass alles, was existiert, ein Teil der großen Schöpfergöttin ist, einen Funken von ihr trägt, denn sonst könnte es nicht sein.

Damals also, vor unendlich langer Zeit, kamen wir hier an auf Gaia und erkundeten den Planeten. Die, die ihr heute die Meisterinnen und Meister nennt, übernahmen diese Erkundungen, und die großen kosmischen Hüterengel stellten Licht und Farbe zur Verfügung, damit Gaia im Einklang mit dem ganzen Kosmos und eurer Hilfe entwickelt und gestaltet werden konnte. Ihr wart dabei und habt mit Freude, Liebe und Begeisterung und im Einklang mit Gaia gehandelt und erschaffen.

Ihr seid aus allen Universen gekommen, von allen Planeten. Die meisten von euch sind aus Gaias Universum, aber einige haben eine noch weitere Reise gemacht, um diesen wunderbaren Planeten zu einem kontemplativen[*] Ort der Ruhe, des Friedens und des persönlichen Wachstums werden zu lassen. Ihr habt bei der Gestaltung auf die

---

[*] beschaulich, besinnlich

Vielfalt geachtet und verschönert und verfeinert, was immer euch verschönerungs- und verfeinerungswürdig erschien.

Ihr alle wusstet um den Sinn, warum ihr hier wart und tatet, was ihr tatet. Gaia wurde zu einem Planeten der Kontemplation. Hier konnten und sollten sich alle besinnen, sich verstehen und kennenlernen. So setztet ihr alles ein, denn jedes Lichtwesen sollte die Möglichkeit bekommen, in der Zeit auf Gaia Resonanzen, und somit sich selbst, zu erfahren.

Mit ihr zu sein, bei ihr zu sein, um sich selbst zu entfalten und zu wachsen. Zu schauen, welche Geschöpfe aller Art dir begegnen in der Zeit auf Gaia und welche Botschaft sie für dich haben. Zu erspüren, was du spürst, wenn deine Hände und Füße Gaias Boden berühren, oder wenn du frei in ihrem Atem stehst, den ihr heute Wind nennt.

Kennenzulernen, wo du deine ganz eigenen Grenzen hast, was du als schön und was du als störend empfindest. Gaia freute sich darauf, dir und euch beim Wachsen zu helfen und beizustehen. Sie war voller Freude und Glückseligkeit, euch ihre Höhlen zu zeigen, in denen ihr in ihrem Schoß geborgen wart. Euch auf ihre Berge zu führen, von wo aus ihr in die Ferne schauen konntet, und sie war immer bemüht, für euch zu sorgen. Sie zeigte euch ihre großen Wasser, und ihr tauchtet ein in dieses wunderbare Element, und sie zeigte euch ihre Bereiche des Feuers, und ihr lerntet, euch an ihnen zu wärmen.

Ihr gestaltetet im Einklang mit Gaia, im Einklang mit allem, was zu ihr gehört, und, vor allem, im Einklang mit dem ganzen Universum.

Ich, Maha Cohan, war nur hin und wieder anwesend. Oft kam ich einfach, um euer Wachstum zu bewundern und mich mit euch an der Erschaffung dieses wunderbaren Planeten zu erfreuen. Und oft kam ich unauffällig, ganz zurückgezogen, um eine Weile ganz alleine mit Gaia zu verbringen – sie verstehen zu lernen, mit ihr zu sein und mich mit ihr zu erfreuen.

Du kennst das, wenn du jemanden sehr liebst, oder? Du möchtest die oder den anderen verstehen und erfühlen, du möchtest, dass es ihr oder ihm gut geht und er oder sie sich wohlfühlt. So erging und ergeht es mir mit Gaia – welch ein Juwel in diesem Universum!

Da meine Energie weit reicht und sehr fein ist, brachte ich viele der Wesenheiten auf den Planeten, die ihr heute „Steine" nennt. Im Einklang mit Gaia suchte ich die Orte aus, an denen sie am besten gedeihen und sich entfalten konnten, und Gaia und ich sorgten dafür, dass sie die Zeit überdauern würden als Bindeglied zwischen ihr und dem restlichen Universum.

Ihr sagt heute, da sei ein Gestein mit Anteilen eines Kometen oder eines anderen Planeten. Suchst du Anteile eines anderen Planeten, beginne gerne bei dir, öffne deine

Augen und schaue dich um. Alles ist aus allem entstanden, und über allem ist die große kosmische Kraft.

Als ihr und wir damals begannen, mit Gaia in Kontakt zu treten und sie zu verstehen, erschufen wir in vollendeter Harmonie und in vollendetem Einklang einen Ort der Kontemplation, der Heilung, des Wachstums und des Friedens.

Wir alle, damit meine ich die Aufgestiegenen Meisterinnen und Meister, waren viel häufiger hier, als euch bekannt ist. Vieles wurde manifestiert aus der reinen Absicht heraus. Es waren keine großen Bauwerke und beeindruckenden Darstellungen nötig, die die Zeit überdauern sollten.

Wir lernten schnell, Gaias Antworten auf unsere Aktivitäten zu verstehen, lernten ihre Sprache voller Kreativität und Liebe und fühlten uns bei ihr geborgen und aufgehoben.

Wir lernten schnell, dass Gaia uns Zeichen sandte, und so entwickelte sich der Weg, den ihr heute den „schamanischen Weg" nennt. Viele von euch traten ganz direkt mit Gaia in Kontakt und sprachen und sprechen mit der Seele Gaias. Probiere es aus, auch du kannst es. Verbinde dich mit den Elementen und frage sie einfach, wie du mit ihnen in Harmonie sein kannst. Und lausche und erfreue dich an ihren Antworten. Verbinde dich mit Gaia und frage sie, was du fragen möchtest. Deine Seele spricht mit ihrer Seele – und so kann und wird deine Seele nach Hause kommen.

Lemuria, Atlantis und Mu

Stell dir vor, dass du ein Projekt entwickelst und erschaffst. Du behütest es, bis du es zeigen oder vorstellen kannst, und du gibst all deine Liebe und Freude hinein. So erging es uns damals auf Gaia.

Die Verbindungen zu den anderen Planeten, die sich in deinem Universum befinden, halfen einfach durch ihre Energien, ihre Töne und ihre Beschaffenheit, diesen wunderbaren Planeten zu gestalten und an dem Ort, den ihr Lemuria nennt, einen ersten friedlichen und harmonischen Lebensraum für Seelen aus dem ganzen Universum zu erschaffen.

Gleichzeitig entstand auch Mu, und zwischen Lemuria und Mu fand eine wunderbare Beziehung und ein harmonischer Austausch an Erfahrungen und Erkennen statt. In all der Zeit entwickelte sich zwischen Mu und Lemuria eine immer intensiver werdende Beziehung; war auf Lemuria etwas nicht möglich, wurde es auf Mu weiter erforscht.

War Lemuria ein Ort der Kontemplation und der Meditation, wurde auf Mu eher mit Materialien gearbeitet, Substanzen entwickelt, gebaut und etwas aus der festen Materie Gaias erschaffen.

Die Energien von Lemuria waren sphärischer und feiner, und sehr lange Zeit hatte Lemuria nicht annähernd die Dichte Mus; allerdings ist eure heutige Dichte erheblich intensiver als sie auf Mu jemals war. Die Verbindung zwischen Lemuria und Mu machte es möglich, große Kristalle über die Verbindung zu ihrem ätherischen Doppel auf energetischem Weg umzuplatzieren, um die bestmöglichen Standorte für sie zu haben.

Auf Mu breiteten sich die Lichtwesen aus, die viel Talent mit dem Gestalten von Formen im Umgang mit Materialien Gaias hatten; fand über Lemuria die spirituelle kosmische Verbindung statt, wurden die Dinge auf Mu in eine materielle Form gebracht, erhielten Struktur und Festigkeit.

Bei den nativen Völkern Nord- und Südamerikas findet ihr noch Mythologien über Mu, und ihr könnt sie gerne als die Nachfahren des Mutterlandes Mu betrachten. Auch in den Mythologien der Aborigines im heutigen Australien ist viel über das alte Wissen aus Mu enthalten. Ebenso findet ihr bei ihnen viele Anregungen für ein Leben im Einklang mit Gaia. Schaut sie euch an und lernt und beginnt zu verstehen, warum alles eins ist.

Viele alte Rituale findet ihr bei ihnen wieder, und immer wieder wird dort erwähnt, für das Leben und alles, was Gaia dir und euch zur Verfügung stellt, Danke zu sagen.

Atlantis entstand später und wurde zu einem Ort, an dem auch andere Kräfte inkarnierten. Da die Bewohner Mus und die Bewohner Lemurias solche Seelen nicht kannten, konnten sie nicht erkennen, was dort geschah.

Aus diesen Situationen entstanden viele Irrtümer, Machtmissbräuche, Krankheiten usw. Heute erlebt ihr, wie all diese Themen wieder an die Oberfläche kommen, da sie immer noch dringend der Heilung bedürfen. Die Schmerzen und das Leid, das vor so langer Zeit seinen Ursprung hat, können heute endlich angeschaut und geheilt werden. Und wir sind bei jeder und jedem, die sich diese Themen anschauen und sich wieder und wieder in die liebevollen und heilenden Energien der Kräfte des Lichts in Verbindung mit Gaia begeben.

Wir alle, also die Aufgestiegenen Meisterinnen und Meister, und auch alle anderen Kräfte des Lichtes, der Liebe und der Heilung sind stets in deiner Nähe und begleiten, führen und ermutigen dich bei all deiner Heilungsarbeit.

Es gab schon immer natürliche kosmische Unterschiede der Seelenenergien und so begaben sich auch unendlich viele Seelen damals zu dem „Projekt Gaia". Auch Lemuria war nicht nur an einem Ort beziehungsweise auf einem Kontinent. Durch die hohe energetische Anbindung war es weder nötig noch ein Thema. Ihr würdet heute sagen, es gab Außenstellen über ganz Gaia verteilt, die sozusagen über Energie- beziehungsweise Lichtbrücken miteinander verbunden waren.

Wichtig waren für alle die Harmonie und die Liebe, die alles in Einklang hielten und Entwicklung, Kennenlernen und Miteinander möglich machten. Das Staunen, die

Freude und das Lachen der Seelen zusammen mit der Harmonie, der Freude und dem Lachen Gaias.

Auf Lemuria und auch an den lemurianischen „Außenstellen" wurden die kosmischen Verbindungen gehalten und so über Gaia vernetzt, auf Mu wurden die festen Bestandteile Gaias und auch des Universums bearbeitet und verarbeitet. Oft erspürt ihr die lemurianischen „Außenstellen" an den so genannten Kraftplätzen, die über Gaia verteilt sind, und besonders die Vortexe[*] sind nach wie vor starke Dimensionstore.

Wenn du dich darauf einlassen magst, wirst du an vielen Orten immer genauer die unterschiedlichen Energien erspüren können, die auch heute noch auf Gaia wirken.

Die Rituale wurden jeweils den Gegebenheiten Gaias angepasst, an die vorherrschenden Elemente angeglichen und entsprechend mit eingebunden. Stell dir die Lebensweisen auf Mu, Lemuria und später Atlantis als fließende Übergänge vor. Genau wie bei euch heute kann etwas geschehen, was niemand vorherahnen konnte, und es geht doch weiter in der Entwicklung.

Die Lemurianer waren für all die ganz feinen und sensiblen Vorgänge und Zusammenhänge da, und hatten sie

---

[*] Vortexe sind Dimensionstore; sie befinden sich überall auf der Erde in unterschiedlichen Größen und werden meistens als Strudel wahrgenommen.

etwas energetisch entwickelt und in ihren Vorstellungen ausreichend erforscht, wurde es dann oft auf Mu in die materielle Form gebracht, sofern dieses notwendig war. So ging es immer weiter und weiter.

Ihr sprecht heute viel über den Untergang Atlantis', und es ist gut hinzuschauen und zu heilen, was zum Untergang der Materie auf Gaia und der Hinweghebung der alten Kontinente führte.

Lange Zeit bot Atlantis für die Menschen, die den Untergang oder die Hinweghebung von Mu und Lemuria nicht mitmachten, sondern sich entschieden, auf Gaia zu bleiben, ein wunderbares Zuhause.

Die zerstörerischen Genmanipulationen und der Streit um Macht kamen erst später und sind wirklich nur ein kleiner Teil der atlantischen Geschichte.

Spürst du eine innere Resonanz zu den Themen, die zu Zerstörung geführt haben, dann schaue dorthin und heile diese. Denke immer daran, alles, was du in dir heilst, kann auch im kosmischen Gefüge heilen. Wie oben, so unter, wie innen, so außen.

Und deine Heilung findet ihre Resonanz in all deinen multidimensionalen Selbsten und schwingt so weit hinaus und weit hinunter.

Es fand damals sehr lange ein reger Austausch zwischen all den Planeten deines Sonnensystems statt; den zentralen Punkt für die Dimensionswechsel, die für einen Kontakt zwischen Gaia und Sirius zum Beispiel nötig waren, bildeten immer die fünf Hüteengel.

Eine harmonische Verbindung zu den einzelnen, von ihnen gesteuerten und gehaltenen Strahlen machte eine Reise zu Sirius möglich. Der sphärische Körper konnte sich über diese Verbindung der Dimension Sirius' anpassen und sich dort hinbegeben. Alles, was auf Sirius stattfand, war dann wahrnehmbar über alle Ebenen des jeweiligen Seins. Sirius habe ich jetzt nur als Beispiel einer interdimensionalen Reise angeführt; natürlich kannst du dich über die fünf Strahlen der fünf Hüteengel durch alle Dimensionen und zu allen anderen Planeten deines Sonnensystems begeben.

Verstehe bitte, möchtest du Kontakt aufnehmen mit den Wesen, die auf der Venus, auf Sirius oder auf Aldebaran leben, begib dich erst zu den fünf Hüteengeln. Tue es einfach, denn sei dir gewiss, sie werden dich weder beachten noch bemerken. Sie tun, was sie im göttlichen Sinne zu tun haben. Was du tust, liegt in deiner Verantwortung und in deinem Sein. Begib dich einfach dorthin in deiner Meditation, entscheide dich für einen der fünf Farbstrahlen und nutze ihn für deine Reise zu Sirius, wenn du zum Beispiel Sirius als Ziel hast.

Auf diesem Farbstrahl kannst du mit deinem Geist zu Sirius reisen und wirst während deiner Reise auf die Wahrnehmungsdimension von Sirius eingestellt. Kommst du auf Sirius an, wirst du sehen, spüren, riechen, schmecken können, was auf Sirius ist, und du wirst den Bewohnern von Sirius begegnen. Und auch sie können dich nun wahrnehmen, und so kannst du in Kontakt mit ihnen treten, wann immer du willst.

Diese Art der Kontaktaufnahme war für dich damals auf Lemuria, vor unendlich langer Zeit, ganz normal.

In all der Zeit hast du verlernt und vergessen, aber nichts ist für immer vergessen auf Gaia, denn alles ist fest verwoben in ihrem Sein. So bitte Gaia selbst um Hilfe und stell die Fragen, die du stellen möchtest, und bitte auch mich um Hilfe, wenn du unsicher bist und meinst, nicht willkommen zu sein in diesem kosmischen Gefüge.

All die Lehren, die Sananda vor 2000 Jahren wieder auf diese Erde, in Gaias Sein brachte, brauchten damals noch nicht gelehrt zu werden. Als Sananda sich aufmachte, um auf Gaia zu inkarnieren, wollte er euch alle erinnern an die, die ihr wirklich seid: Wesen aus Licht, selbstermächtigt und kraftvoll.

Denn zwischen der Freude und der Harmonie zu lemurianischer Zeit bis vor 2000 Jahren ist viel Zeit vergangen, viele Veränderungen und Erfahrungen haben stattgefunden. Und auch Lemuria war nicht nur Freude und Harmonie; auch dort gab es verschiedene Strömungen und Richtungen. Allerdings zeichneten sich die Lemurianer besonders dadurch aus, dass sie anstehende Konflikte gewaltfrei lösen konnten.

So leitete Sananda vor 2000 Jahren im Einklang mit dem Karmischen Rat eine Entwicklung ein, die genau diejenigen wieder wecken sollte, die „aus seinem Geiste sind" oder mit seinem spirituellen Sein verbunden sind oder sein möchten.

Diese Dinge, die als die „sieben Todsünden" in die Menschheitsgeschichte eingingen, waren den Lemurianern nicht bekannt und nicht in ihnen angelegt. Und sie konnten nur erkennen, was sie kannten. Und so suchten sie in ihrem Inneren immer wieder liebevolle Begründungen für das Verhalten derjenigen, die auf Atlantis die Herrschaft übernahmen, was sie auf eine unglaubliche Art wehr- und hilflos machte.

Als dann noch Mu unterging, fehlte den Lemurianern ein wichtiger Teil ihres Seins auf und mit Gaia, und die Atlanter schlossen diese Lücke. So kam es zu einer Zusammenarbeit zwischen Lemuria und Atlantis und zu all den weiteren Vermischungen, über die nun schon vieles gesagt und geschrieben wurde.

Da die Lemurianer auch keine anderen Hinweise aus

dem Kosmos bekamen, nahmen sie diese Entwicklung hin und hielten ihren Lebensrhythmus bei.

Es war damals, vor dieser unendlich langen Zeit, nicht absehbar, was alles auf euch zukommen und wie intensiv die „Trennung" sein würde.

Der Kosmische Rat beschloss, das Projekt Gaia weiterlaufen zu lassen und abzuwarten, welche Wege die weitere Entwicklung nehmen würde.

Die Aufgestiegenen Meisterinnen und Meister blieben mit dir und euch verbunden, und so hielt besonders Sanat Kumara den Kontakt.

Immer wieder entstanden Schutzräume in den verschiedenen Kulturen unter der jeweiligen Regierung und Religion. Und immer wieder begabst du dich intuitiv in diese geschützten Räume.

Sicherlich hast du im Laufe der Zeit auch viele Inkarnationen in ganz normalen „bürgerlichen" Leben verbracht; doch alleine dein Interesse an spirituellen Themen und die Suche nach deinem Ursprung und deiner spirituellen Freiheit sagt dir, wer du bist. Und sei gewiss, du warst immer mit uns verbunden und wirst immer mit uns verbunden sein.

Und wir sind bei dir, ich bin bei dir, auf deinem Weg, auf dem alle alten Wunden heilen und gehen können, und wir legen unsere Hände auf deine Schultern, wenn sie müde und abgespannt sind und halten dich, wenn du unseren Halt brauchst und magst.

Und sagst du uns, dass du mit uns verbunden sein und bleiben möchtest, so findet es auch statt. Deine klare Absicht reicht aus.

Verbinde dich in deinem Sein mit dem kosmischen Orchester all der Planeten, die sich in deinem Universum befinden, und dir steht alles zur Verfügung, was du brauchst und bist.

In früheren Zeiten haben Menschen sich bereits diese Schwingungen des kosmischen Orchesters zunutze gemacht und auf diese Art und Weise ihre Macht manifestiert, indem besondere Gebäude und Plätze erschaffen wurden, die euch bis heute Rätsel aufgeben bezüglich ihrer Entstehung.

Nun kannst du ganz viele Leben damit verbringen, diese Rätsel lösen zu wollen; und dann stelle ich dir die Frage, was dich veranlasst, sie lösen zu wollen. Was oder wer in dir treibt dich, etwas lösen und verstehen zu wollen, was dazu gedient hat, eine bestimmte Macht zu demonstrieren? Prüfe es bei und in dir und dann schau, ob du es loslassen kannst. Und wenn du es nicht kannst, dann prüfe in dir, was dich damit verbindet. Ist es eine vergangene Inkarnation? Ist es das Gefühl, machtlos zu sein?

Ersteres kannst du auflösen und dich aus alten Gelübden und Themen befreien, und auch das Zweite kannst du lösen, denn die Lösung liegt in dem Wort selbst: Loslassen.

Kosmische Rhythmen

Schau einmal nachts zum Himmel und staune und erfreue dich an all den Sternen und Planeten. Sie alle haben bestimmte, ganz eigene Energien, und jedes Lichtwesen, das sich entscheidet, auf einem der Planeten zu inkarnieren und dort zu lernen und zu wachsen, wird auf seiner Reise zu diesem Planeten den Einflüssen der anderen Planeten des jeweiligen Universums ausgesetzt sein. Sie wirken ein auf den Lichtkörper und weben ihre Beschaffenheiten in diesen, während er sich zu dem Ziel seiner Reise begibt.

So wurdet auch ihr bereits auf eurer Reise diesem Universum angepasst, um dann, bereits mit einer gewissen Dosis der Integration versehen, auf Gaia anzukommen.

Viele von euch haben ein großes Wissen aus dem ganzen Kosmos mitgebracht, um es auf Gaia zu verwirklichen. Viele von euch waren und sind Mitglieder der Weißen Schwestern- und Bruderschaft, wie ihr sie heute nennt.

Eure Seelen waren rein und klar, und ihr hattet bereits zu der Zeit das, was ihr heute ein „entfaltetes Christusbewusstsein" nennt. Richtig, es ist nichts Neues mit dem Christusbewusstsein; ihr dürft euch gerne erinnern. Das Christusbewusstsein bedeutet, dass du verbunden bist mit Allem-was-ist. Dass du in Liebe, Respekt und Verantwortung ein Teil dieses Universums bist und weißt, dass das Resonanzprinzip immer wirksam ist. Fügst du Gaia oder diesem Universum Schaden zu, fügst du dir selbst Schaden zu. Ihr seid nicht getrennt und könnt auch nicht getrennt werden.

Ihr hattet den Auftrag und den Wunsch, diesen wunderbaren Ort liebevoll zu gestalten, zu erforschen und zu einem Kraft- und Angelpunkt dieses Universums werden zu lassen.

Lange Zeit (wieder das Thema Zeit) habt ihr genau das getan: erforscht, entwickelt, gestaltet.

Die Verbindungen zu den anderen Planeten und Universen waren gut und stabil; ihr bewegtet euch mit euren Lichtkörpern über Gaia, in einem ständigen Erspüren mit ihr verbunden. (Maha Cohan sendet mir ein Bild, das ich heute als Feenbewegung bezeichnen würde.)

Ihr lerntet, mit Gaia in ständiger Kommunikation und Resonanz zu stehen und euch darüber im Einklang zu entwickeln. Gaia zeigte euch bereitwillig alles und lehrte euch, euch immer leichter über die Kräfte der Elemente und ihrer Schöpfung zu integrieren.

Ihr wusstet, dass ihr euch auf eine lange Zeit auf Gaia einlassen würdet und wart bereit, diese Zeit zu nutzen, um einen spirituellen Quantensprung herbeizuführen zur Entwicklung Gaias und auch zu eurer eigenen als die, die ihr seid.

Viele von euch blieben ganz bewusst für Gaia in diesem langen Zyklus, den die Brahmanen als den „Atem Brahmas" bezeichneten und die nativen Völker mit der „Geburt des Phönix" in Verbindung bringen.

Und du bist hier, in genau dieser Zeit.

Wenn ihr heute vom Christusbewusstsein sprecht, so war dieses damals bereits ausreichend vorhanden. Wir hatten keinen Namen dafür, denn es war einfach euer Wesen, so zu sein. Das Gegenteil vom Christusbewusstsein war uns nicht bekannt. Und wenn ihr also heute endlich wieder dieses Christusbewusstsein entfaltet, dann entfaltet ihr einen ganz ursprünglichen Teil eures Selbst, eures Seins. Und ihr entdeckt etwas wieder, was nicht immer nur ein Teil von euch war, sondern eigentlich ihr seid. Es ist euer Sein, es ist reines Licht.

Das, was ihr heute als „hinter dem Schleier" bezeichnet, gab es damals auch noch nicht, also auch keine Trennung und nicht das Gefühl, getrennt zu sein.

Die großen lemurianischen Kristalle waren der Bereich, mit dem ich am meisten verbunden war. Aufgrund ihrer wunderbaren Speicherkapazität setzten wir sie für viele Bereiche ein; gleichzeitig stellten sie auch die Lichtbrücken zwischen den Planeten her und erleichterten so die jeweiligen Kontaktaufnahmen.

Die Bewegungen der Planeten in diesem wunderschönen Universum erforderten eine ständige Bewegung und Veränderung in den Positionen der Kristalle, und so kannst du auch heute noch erspüren, dass ein Kristall bei Vollmond oder Neumond oder in der Sonne jeweils anders reagiert und anders wirkt. Genau wie du, denn alles ist mit allem verbunden.

Die Größe eines Kristalls wirkt sich auf seine stabilisierende Kraft aus, und so kann ein großer Kristall ganze Energiefelder stabil halten, während viele kleine Kristalle sie eher zerstreuen.

Über die verschiedenen Kristalle werde ich in einem separaten Buch berichten und Einzelheiten dazu sagen.

Ein großer Kristall ist je nach Beschaffenheit und Sendungsmöglichkeit in der Lage, ein entsprechend großes Energiefeld aufzubauen, und diejenigen, die vertraut sind mit dem Wesen der Kristalle, erspüren auch heute wieder sofort, wenn die Position eines Kristalls zu verändern ist, wenn die Energien nicht im Einklang sind.

Sie tragen auch heute wieder und immer noch Kristalle von einem Ort zum anderen, einfach aus sich heraus, aus der eigenen Intuition heraus, und tragen somit zu dem anstehenden Quantensprung bei.

Die Bewegung der Kristalle erleichtert die Lageveränderungen Gaias und so tragen unendlich viele Menschen dazu bei, dass diese stattfinden kann, ohne sich auch nur im Geringsten dessen bewusst zu sein.

Und da liegt der Unterschied, in dem Bewusstsein. Viele Menschen hinterfragen nicht, warum sie etwas tun, tun es aber trotzdem. Sie finden dann Gründe ihres niederen Egos dafür, und wenn es für sie so richtig ist, dann ist es so auch richtig.

Und dann gibt es die Menschen mit dem entsprechenden Bewusstsein, sie spüren, dass sie Dinge tun wollen, unbedingt, und sie beginnen, sich selbst zu fragen, warum sie das so wollen und tun; so gehen sie immer weiter und weiter, entwickeln ihr wunderschönes Potenzial und bereiten sich auf den Quantensprung ihres Bewusstseins vor. Und somit auch auf den Quantensprung Gaias.

Frage immer nach dem Sinn und höre nicht auf zu fragen – wir werden dir antworten, immer und voller Freude.

Leben und Sein auf Lemuria, Mu und Atlantis

Bereits damals waren bestimmte Seelen dazu da, diese Kristalle ständig zu beobachten, für sie zu sorgen und sie „zu lesen". Telepathische Verbindungen zwischen euch, den Mitgeschöpfen und den Kristallen waren normal.

Der Sendebereich eines großen Kristalls ist weit, und so gingen wir davon aus, dass diese Kristalle über den ganzen Planeten senden und alle somit Informationen empfangen konnten, egal, wo sie gerade waren.

Es gab eine lange Zeit, in der mehrere Bereiche auf Gaia über die Kristalle miteinander verbunden waren und so ein Netz aus Licht und Farbe über Gaia legten, um die Integration und Gestaltung Gaias zu erleichtern. Erinnere dich, denn heute macht ihr genau das wieder.

Ihr habt euch vernetzt über die Erde, lebt mit Frequenzen, Sendern und Empfängern. Und euch wird immer klarer, dass die lichtvolle Seele in einem Teil der Erde verbunden ist mit der lichtvollen Seele auf einem anderen Teil der Erde. Und dass ihr mitentscheidet, wie das Netz aussehen wird, und so jede und jeder von euch ein Teil des Ganzen ist.

Es gab nicht nur ein Lemuria, ein Mu, und auch nicht nur ein Atlantis. Natürlich gab es einen Anfang, an dem feine und hochfrequente Seelen nach Gaia kamen. Dann fand eine recht schnelle Verbreitung statt, und es wurden sozusagen Inseln des Lichts auf Gaia errichtet. Dafür waren die großen Kristalle unverzichtbar, und so befand auch ich mich in verschiedenen Bereichen Gaias.

Es gab nicht die Begrenzungen in der Form, wie ihr sie heute kennt, und vielleicht könnt ihr euch vorstellen, dass es für mich keine Eingrenzung gab. Meine Energien konnten gleichzeitig an mehreren Orten sein, genau wie heute.

Mit Hilfe der Kristalle kann jede große Lichtkraft an verschiedenen Orten parallel anwesend sein und sich so einen umfangreichen Eindruck verschaffen oder etwas veranlassen. Wir können es auch ohne Hilfe der Kristalle, aber damals war es einfacher so, denn es ging um stärkere Manifestationen.

Über die konkreten Darstellungen und Aufbauten steht euch heute genug Literatur zur Verfügung, und es ist auch nicht mein Bereich. Deswegen verzichte ich auf weitere Ausführungen dazu.

Mein Bereich war das Entscheiden und Auswählen der Wesen, die auf Gaia ihren Platz finden sollten, um für den harmonischen Ablauf im Einklang mit Gaia zu sorgen. Auch die Seelen, die mit dabei waren und hierher kamen, traten in irgendeiner Phase ihrer Reise mit mir in Kontakt.

Es waren bereits damals viele dabei, die ihr heute als „Krieger/in des Lichts" bezeichnet, und so haben sie bis heute ein feines ethisches und energetisches Unterscheidungsvermögen und eine licht- und liebevolle Verbindung zu den Kristallen und zu Gaia.

Sie zeichnen sich aus durch eine hohe Sensitivität, reagieren schnell auf Disharmonien und haben ein ausgeprägtes Mitgefühl für alles, was in der Schöpfung geschieht.

Ich selbst war intensiv beteiligt an dem Aufbau der Tempel, wobei ich das Wort „Tempel" gerne erläutern möchte.

Die Tempel auf Lemuria, Mu und auch später auf Atlantis hatten alle die Funktion von Verbindungsstätten untereinander und auch mit dem Kosmos.
Die dort tätigen Priesterinnen und Priester waren sehr schnell vertraut mit den Eigenarten Gaias, und es war ihre Aufgabe, die Verbindung zu Gaia als Teil des weiteren Planetenverbundes zu halten, zu vermitteln und, wenn es nötig war, auch zu steuern.

Durch die Kristalle in den Tempeln wurde die Begabung der Priesterinnen und Priester sozusagen dupliziert; die Wahrnehmungsfähigkeit bis aufs Feinste ausgesteuert, und das Halten und Kommunizieren mit den Kristallen ermöglichte das Verbindungsnetz aus Licht und Farben über ganz Gaia verteilt und ebenso in ständiger Resonanz mit den anderen Planeten und ihren Kommunikationssystemen.

So war in diesen Tempeln das, was ihr heute als Nachrichtenstation bezeichnen würdet, und es ist sicherlich schön für euch zu wissen, dass auch die großen Kristalle oft farbig waren, bis hin zu ganzen Regenbogen, die sie durchzogen. Auch die Dichte oder Transparenz der einzelnen Farben, die der Kristall auffing oder zeigte, sagte etwas über die Art der Informationen aus.

Die Kristalle waren nicht fest verankert in der Erde, sondern schwebten sozusagen an ihrer Position; das erleichterte die Veränderung der Positionen sehr für den Fall, dass es notwendig war. Sie waren so ausgerichtet, dass die Energien Gaias und die Energien des Kosmos sie in der Balance hielten.

Es waren Priesterinnen und Priester, die diesen Tätigkeitsbereich ausfüllten, neben unendlich vielen anderen Seelen, anwesend, die andere Aufgaben hatten. Und jede einzelne war wichtig und gehörte dazu. Das Thema der Nahrungsaufnahme, und damit verbunden die Bebauung des Bodens, gab es zu der Zeit noch nicht, all das entstand erst in Verbindung mit anderen Themen, die parallel zu der immer stärker werdenden Dichte aufkamen.

Wenn sich bei dir die Erinnerungen wieder öffnen und du auf all die Phasen schaust, die du damals miterlebt hast, so bitte ich dich, auch im Namen des Planetenverbunds und des Karmischen Rats, dir deinen eigenen Schmerz anzuschauen und ihn heilen und gehen zu lassen. Vieles hast du erlebt, vieles hast du erlitten. Oft fühltest du dich ungerecht behandelt, und dieser Schmerz ist mit den Erinnerungen verbunden.

Heile diesen Schmerz, und du heilst alles. Heile diesen Schmerz deiner Seele und freue dich, dass du all das erlebt und bewältigt hast. Und so kann alles heilen in allen Strahlen und im kosmischen Gefüge, und alles kann sich erfreuen an und mit deiner Heilung und kann ebenfalls heilen.

Wie oben, so unten, wie im Kleinsten, so im Größten. Lass Zorn, Schmerz und Trauer gehen und dein Ego zu einem klaren Diamanten werden.

Gehe in deinen Meditationen zurück bis in die Zeiten und Kulturen von Lemuria, Mu und Atlantis. Setze du ganz klar den Schüssel, was du erfahren und was du anschauen und wieder entdecken möchtest.

Hast du für dich das Gefühl, es ist besser, diese Erfahrungen in Begleitung eines anderen Menschen anzusehen, dann schau dir auch dieses Gefühl liebevoll an und vertraue ihm. Deine Seele, dein spirituelles Selbst, weiß, was für dich angebracht und richtig ist.

Ich gebe dir gerne ein Beispiel für eine meditative Erfahrung, das du jederzeit als Gerüst für deine Erinnerungen nutzen kannst. Bestimme vor der Meditation, was du dir anschauen möchtest. Heilung, Freude, Trauer, Zorn, Lebendigkeit oder auch gerne eines deiner Talente und Begabungen. Setze als Schlüssel zum Beispiel: „Ich werde mich jetzt an meine freudvollsten Erfahrungen auf Lemuria, Mu oder Atlantis erinnern und bin bereit, sie mir anzusehen" oder „Ich werde mich jetzt an meine schmerzlichsten Erfahrungen auf Atlantis, Mu oder Lemuria erinnern und bin bereit, sie mir anzusehen". Lade die Meisterinnen und Meister und/oder die Engel dazu ein und bitte sie, dich zu halten, zu schützen und zu geleiten.

Sei dir sicher, dass sie es gerne tun werden.

Meditation

Richte es dir so ein, dass du dich gut, freudvoll und leicht entspannen kannst. Atme immer ruhiger und ruhiger, immer tiefer und tiefer, bis du tief in deinen heiligen Raum, dein Zentrum, hineinatmest.

Lass mit jedem Ausatmen alles gehen, was dich belastet oder einengt, und erlaube auch deinem wunderbaren Kopf, all die kreisenden Gedanken mit jedem Ausatmen loszulassen.

Erinnere dich ganz klar an deine Absicht, dir Erfahrungen anzuschauen, die du auf Lemuria, Mu oder Atlantis gemacht hast. Du hast „den Schlüssel" gesetzt, und mit deiner Entspannung können nun die Erinnerungen, die Erfahrungen und vielleicht auch die Emotionen, die damals entstanden sind, aufsteigen. Hast du eine schöne innere Landschaft, so gehe dorthin und begib dich von dort aus in die damalige Erfahrung. Mach es genau so, wie es sich für dich gut und richtig anfühlt.

Lass die Bilder aufsteigen, nimm sie zur Kenntnis und sei frei von Wertungen. Atme sie hinauf und übergib sie den Kräften des Lichts zur Transformation, wenn sie der Transformation bedürfen.

Erfreue dich an ihnen, lache und weine mit ihnen, und erlaube dir, einfach Beobachter/in zu sein auf dem Weg des Verstehens und der Erkenntnis.

Hören die Bilder auf und alles ist angesehen und geklärt, gereinigt und geheilt, dann bedanke dich bei den Kräften des Lichts und atme ganz tief ein und aus, bis du deinen physischen Körper stabil und strahlend spürst.

Erfreue dich an deinen Erfahrungen und Erinnerungen und lass Heilung und Licht in alles fließen, was der Heilung und des Lichts bedarf.

Recke und strecke und bewege dich; breite deine Arme aus und begrüße deine Lebendigkeit, deine Körperlichkeit.

Gönne dir eine kleine Nascherei oder etwas, was du in deinem ganzen Sein mit Freude willkommen heißen magst.

Und wenn du jetzt von irgendwo ein freudvolles Lachen hörst oder eine Welle der Liebe und der Heilung dich durchströmt, so spürst du die Kräfte des Lichtes die sich mit dir daran erfreuen, dass wieder etwas heilen konnte.

Sei willkommen im Hier und Jetzt, in deinem ganzen Sein.

So kannst du jederzeit, wann immer es dir möglich ist, all diese Erfahrungen anschauen und immer leichter verstehen, wer du wirklich bist, und dich mit uns erfreuen an deinem Hiersein, deiner Lebendigkeit, deiner Kraft und Schönheit.

Ebenso kannst du jederzeit dein Wissen aus diesen alten Kulturen wieder aktivieren. Bitte darum, dass alle Implantate, die jemals bei dir angewandt oder eingesetzt wurden, entfernt werden.

Lass dir nun drei Nächte Zeit, in denen sie vollständig entfernt werden können durch die Kräfte des Lichts. Vielleicht spürst du nachts im Schlaf leichte Reaktionen deines Körpers; bleib einfach entspannt und lass es geschehen.

Danach bitte darum, dass du dich an alle Talente und Begabungen erinnern kannst, die du in all deiner Zeit auf Gaia hattest, und es dir möglich ist, sie für deine jetzige Inkarnation zu nutzen, und von allen Ängsten befreit und gelöst zu werden, die an deine wunderbaren Talente und Begabungen gekoppelt sind.

Mach ein Ritual daraus, ganz für dich. Nimm dir Zeit und freue dich auf deine ganze Lebendigkeit.

Erkennen und Erinnern

Die Seelen, die sich damals mit hierher begaben und in tiefer Liebe zu der gesamten Schöpfung der großen Göttin damit begannen, ihre Liebe, ihre Schöpferkraft und ihre Fähigkeiten im Einklang mit Allem-was-ist auf Gaia zu verankern, könnt ihr bis heute gut erkennen. Du gehörst sicherlich auch dazu, denn sonst würdest du diese Zeilen nicht lesen.

Diese Seelen zeichnen sich oft durch ihre immer noch vorhandenen Begabungen aus wie Aurasichtigkeit, Medialität, Feinfühligkeit usw. Sie sind diejenigen, die mit den Dingen nicht zurechtkommen, die von ihnen verlangt werden, und sie prüfen das, was sie tun oder tun sollen, immer nach ganz eigenen Kriterien. Sie können sich bis heute oft nicht einordnen in bestehende gesellschaftliche Systeme und beobachten kritisch die jeweiligen Entwicklungen.

Sie haben unendlich viel erlebt in diesem langen Zyklus, und all das hat sie geprägt und gezeichnet. Und auch wenn sie damals damit einverstanden waren zu bleiben, ist die Freisetzung ihrer Begabungen und die Öffnung des Lichtkörpers für sie eine große Herausforderung. Es ist wunderschön, dass das Netz der Kräfte des Lichts bereits wieder so dicht ist auf Gaia, denn diese Seelen brauchen die Hilfen, die angeboten werden und zur Verfügung stehen. Sie brauchen Mut und Vertrauen, Kraft und Liebe. Und wenn sie dann die eigentliche Größe ihres göttlichen

Seins wieder entfalten, setzen sie Energien frei, die das Netz der Kräfte des Lichts auf Gaia intensiv stärken und halten. Und so wird der Aufstieg möglich; sie werden dann zu dem, was damals die großen Kristalle waren. Sie sind verteilt über die ganze Schöpfung, und alleine ihr Sein hält und stärkt das Netz.

Nun, wo so unendlich viele Menschen bereit sind, ihre Zeit und ihre Liebe für Gaia, Frieden, Heilung und auch für Freude zu geben und sich einzulassen in weltweite Meditationen und Rituale, ist vieles möglich geworden, was lange Zeit unmöglich erschien.

Gaia selbst durchläuft zur Zeit starke Veränderungen, verändert ihre Lage, und somit ändern sich auch die jeweiligen Gegebenheiten. Energien, die zu bestimmten Bereichen Gaias früher nicht durchdringen konnten, wirken jetzt unmittelbar ein und verändern Vegetation und atmosphärische Zusammensetzungen. So ist die Luft, die du atmest, nicht immer die gleiche Luft, denn sie setzt sich zusammen aus vielen verschiedenen kleinsten Teilchen. Und da du atmest, nimmst du all das in dich auf, was sich in der Luft befindet, und ich möchte hier gar nicht von der Luftbelastung durch Umweltverschmutzung sprechen, sondern von den atmosphärischen Veränderungen und Auswirkungen.

Allein durch dein Atmen bist du verbunden mit dem Ort, an dem du gerade bist, denn du atmest die Energien des Ortes ein und aus. Und alleine dein Atmen wird dafür sorgen, dass du den Ort wahrnimmst, an dem du dich gerade auf Gaia befindest, und dich innerlich und äußerlich mit ihm verbindest. Du wirst sozusagen ein Teil des Ortes.

Achte einmal darauf, ob du gerne und tief atmest an dem einen Ort und an einem anderen Ort gerne aufhören würdest zu atmen. Das sagt dir viel über dich und den Ort, an dem du gerade bist.

Zurzeit sind viele Lichtwesen aus anderen Sphären inkarniert, und das wurde erst möglich, nachdem sich 1951 ein bestimmtes Sternentor geöffnet hat. So konnten diese feinen Seelen aus allen Bereichen des Kosmos kommen und dazu beitragen, dass die Erinnerungen sich wieder freisetzen.

1951 öffnete Saturn das Tor des Zeichens Waage, in dem sich bereits der Planet Neptun befand. Neptun alleine konnte das Tor nicht öffnen, denn Saturn ist auch im kosmischen Sinne der Hüter der Schwelle.

Erst als Saturn an genau diesem Punkt angekommen war, ging das Sternentor auf, und die Seelen, die nun so viel Entwicklung und Veränderung und Öffnung bewirkt haben und tagtäglich wieder bewirken, konnten beginnen zu inkarnieren.

Und durch diese Öffnungen der Sternentore, die weiterhin stattfinden, strömen kosmische Energien in die Atmosphäre, bis hinunter in die Dichte der Materie, und wirken sich aus auf Alles-was-ist.

Viele dieser Seelen tragen die Erinnerungen, und sie tragen ein starkes Kraftpotenzial, denn sie sind erfüllt mit der Liebe des kosmisch großen Göttlichen. Im kosmischen Gefüge haben sie eine Kriegerinnen- und Kriegerenergie; sie sind die Krieger des Lichts und ihre Intention ist Frieden, Klarheit und Heilung.

Sie sind sicher und klar, und sie sind nie getrennt gewesen; sie sind spirituell verbunden mit den Kräften des Lichts, und es ist ein Leichtes für sie, diese Kontakte herzustellen. Sie sind die Priesterinnen und Priester, die für Gaia und für den ganzen Kosmos einstehen und leuchten in ihrem entfalteten Christusbewusstsein.

Sie haben ein sensibel ausgeprägtes Gerechtigkeitsgefühl, das weit über die Bedürfnisse des Egos hinausgeht, und tragen einen Aufruf und einen Anspruch in ihren Seelen, den sie auf Gaia und für Gaia zu verkünden haben.

Sie sind Seelen aus höchstem Licht und feinster Kraft, und sie machen Geschehnisse möglich, die lange nicht möglich schienen oder waren. Und sie erinnern die alten Seelen an ihr Wissen und ihr Potenzial und helfen ihnen, wieder in ihre Kraft zu kommen.

Öffne deine Sinne, schau dich um und – schau in einen Spiegel –, und du wirst sie sehen und erkennen.

In der unendlich langen Zeit dazwischen haben viele Seelen, die damals geblieben sind, das Licht gehalten, so gut es ging. Und sie haben vieles auf sich genommen, um immer wieder die Energien zu fördern, zu stabilisieren und zu halten.

Sie haben ganz bewusst viele Inkarnationen in Bescheidenheit oder Armut verbracht, sie haben viele Inkarnationen in geschützten Bereichen der jeweiligen Kulturen verbracht, um sich Spirit ganz und gar zuzuwenden. Sie haben sich geopfert, um andere zu schützen, und sie haben gelitten, damit es ihren Mitgeschöpfen gut gehen konnte. Immer wieder sind sie dem göttlichen Funken in sich gefolgt, unendlich viele Male.

Hin und wieder erschienen und inkarnierten Meister und Meisterinnen, um diese Seelen zu erinnern und zu ermutigen, nicht aufzuhören und ihr tiefes Wissen nicht aufzugeben.

Und ihr alle wurdet geliebt, zu aller Zeit, auch in der tiefsten Dunkelheit. Und ihr wurdet niemals vergessen, niemals!

Und nun schau dir mit mir einmal das Thema des „dunklen Netzes" an; überall tauchen diese Worte auf, und du weißt, worauf du deine Aufmerksamkeit lenkst; das nährst du.

Über Gaia wurden in der langen Zeit viele dunkle Netze gewoben – geflochten aus Emotionen, Angst, Magie, Machtgelüsten und oft auch, weil die Menschen es für eine gute Möglichkeit hielten und sich eher in einem dunklen Netz wohl- und sicher fühlten als in ihrer Freiheit.

In vielen Kulturen kamen mit der dort herrschenden Ordnung auch die Trägheit und das Vergessen auf, und alle diese Menschen wollten alles lieber so lassen, wie es war, und baten ihre Priester/innen und ihre jeweiligen Oberhäupter darum, doch alles für sie sicher zu machen.

All das hatte immer seinen Sinn und seine Berechtigung für die Zeit, die die jeweilige Kultur dauerte.

So wurden die Naturgesetze, die göttlichen Gesetze, in Formen gebracht, in Begriffe und Strukturen, in Symbole, belegt mit kraftvollen Worten (Affirmationen), und die Menschen waren zufrieden für die Zeit, in der sie eine bestimmte Energie so halten und stabilisieren konnten.

Rituale wurden erdacht und erschaffen, und diejenigen, die sie erschaffen haben, erhielten Machtzuwachs durch diese Rituale und durch das Wissen um die Formen und die kosmischen Regeln.
So kamen und gingen ganze Imperien, die ihr heute

als Teil der Menschheitsgeschichte bestaunen könnt. Und doch, komme einfach bei dir an, das, was dich am stärksten berührt, hat etwas mit dir zu tun.

In all diesen Kulturen wurde Magie ausgeübt, und das ist bis heute so. Diese ganze Schöpfung ist Magie – eine wunderschöne Magie. Und sie ist eine fließende Magie der weichen Formen, der ineinander verwobenen Formen.

Und beschäftigst du dich mit Magie, dann prüfe sehr genau bei dir, ob du deine Fähigkeiten zum Wohle aller Beteiligten und zum Wohle der Schöpfung einsetzt. Handelst du aus Motiven des niederen Ego heraus, dann ist es eine Magie, die bedrohlich ist, und solltest du so etwas jemals getan haben, dann schaue ehrlich und mutig zurück und erlaube dir, die gebannten Energien aufzulösen.

Und genau so versuchten Menschen, die eine Macht innehatten, immer wieder, ihre Macht zu festigen. Und dafür wurden dann die Magier und Zauberer und, netter formuliert, die Weisen und Wissenden eingesetzt und berufen.

Denke daran, dass jede in sich geschlossene Form Energien bindet, und entscheide ganz aus dir heraus, welche Formen für dich richtig, wertvoll und angebracht sind.

Und hatten die Magier ihre Sache zur Zufriedenheit der Menschen erledigt, waren sie anerkannt und wurden geliebt. Und brachte das Ritual nicht den erwünschten Erfolg, wurden sie oft gefoltert und hingerichtet oder zumindest fortgejagt.

Und nun höre, das ist nicht göttlich, denn egal, ob du die Göttin liebst oder den Gott, sie und er strafen nicht. Alles ist Wandlung, Veränderung und Ent-wicklung.

Strafe, Folter und Hinrichtung sind immer Ausdruck von Angst und nicht erlöster Gewaltbereitschaft eines Systems und der Menschen des Systems, die kollektiv darin eingebunden sind.

Das Göttliche drückt sich aus in Frieden, Licht, Klarheit und Weisheit. Im Loslassen-Können und So-sein-lassen-Können. Und in einer unendlichen Harmonie.

So wurden in vielen Kulturen über machtvolle Rituale die Formen und Kräfte der Elemente gebannt, um die Seele, das Licht eines weisen Herrschers oder einer Herrscherin, in dieser Kultur zu halten. Bezweckt wurde damit, die Kultur in der bewährten Form stabil zu halten, und sei dir gewiss, dass in vielen Kulturen die jeweiligen Menschen auch darum wussten und dazu bereit waren.

Sie taten es nicht aus Bösartigkeit, sie taten es aus Liebe. Sie gingen in dem Moment ihres Handelns davon aus, das Richtige zu tun.

Stell dir einmal vor, jemand stirbt, und da sind Kinder, die mit dem Herzen des Sterbenden verbunden sind. Dann wird diese Seele nicht gehen wollen; sie wird in der Dimension bleiben wollen, in der sie ihren Liebsten am nächsten ist. Und das ist gut so, denn der freie Wille steht über allem.

Ist die Seele durch die Kraft der Rituale gebannt worden und kann nun nicht gehen, oder eine Seele ist nun bereit, sich zu lösen, ist es wunderbar, wenn du helfen magst und Lichtkanäle an allen Orten baust, wo du meinst, dass es wichtig ist.

Je feiner du selbst mit jeder Erhöhung deiner Schwingung wirst, desto feiner wirst du auf energetische Strömungen reagieren, denn auch in der heutigen Zeit werden starke Energiefelder aufgebaut, um bestimmte Machtbereiche zu sichern.

Und so kann es sein, dass du dich schwach und müde fühlst, obwohl eigentlich gar nichts dafür spricht. Und dann schau einmal, welche Rituale in dem Kulturkreis, in dem du lebst, gerade anberaumt sind oder durchgeführt werden und inwieweit sie auf dich oder das ganze Land einwirken.

Solltest du unsicher sein in der Heilungsarbeit, informiere dich im schamanischen Bereich über Erdheilung oder schau dich im Reiki-Bereich um, denn dort gibt es wunderbare und offene Symbole, die dir das Bauen von

Lichtkanälen erleichtern. Und für welchen Weg du dich auch immer entscheidest, beachte immer dein Motiv für das, was du tust und warum du dich dafür entschieden hast. Und so wirst du dir selbst immer näherkommen.

Und tue es in der Liebe, die du bist, dann können die gehen, die auch wirklich gehen wollen. Sie können verbunden werden mit den Engeln und den Kräften des Lichts und ihren Weg wählen. Und die, die nicht in die weiteren Dimensionen gehen wollen, können dorthin gehen, wo ihre Liebe ist und ihre Seele hingehört.

Und so haben auch viele Menschen, die machtvolle und beeindruckende Inkarnationen hatten, sich aus Liebe zu ihrem Volk, zu ihrem Land und zu allem, was zu ihnen gehört hat in dem Leben, ganz bewusst entschieden, dass nach ihrem physischen Tod entsprechende Rituale vorgenommen werden, damit ihre lichtvollen Energien dem Volk weiterhin zur Verfügung stehen.

Auch dabei ist immer der freie Wille zu beachten, denn jede Seele hat ihre eigene Zeit.

Lady Portia hat bereits erzählt, dass sie lange Zeit in der Dimension der Feen blieb, um nahe bei den Menschen sein zu können und doch erst einmal in Sicherheit zu sein.

Und so ist es immer, jede Seele bestimmt frei, welchen Weg sie geht, und wird es ihr ermöglicht, können Wunder geschehen.

Hast du für dich das Gefühl, dass Teile deines Selbst noch irgendwo gebunden sind, so mach folgendes Ritual:

Bau dir einen Kreis aus neun Kristallen (Trommelsteinen), lass diesen mindestens zwei Stunden liegen, bevor du dich hineinsetzt oder -stellst.

Die Kristalle bauen ein Lichtfeld auf, das dich schützt und das Licht deiner Aura hält.

Dann setze dich in diesen Kreis aus Licht und suche den Ort deines inneren Friedens auf. Versetze dich in einen meditativen Zustand und erlaube dir, dich zu entspannen.

Nun sprich für dich und das Licht, das du bist:

„Ich rufe mein ganzes Sein, hier und jetzt. Ich rufe alle Teile meines Selbst, die fern von mir sind, an diesen Ort, in dieses Licht und in mein Sein.

Mein ganzes Sein ist frei von Bann, Magie, Angst und Hemmung, und ich bin das Licht, das ich bin, und ich bin die Liebe, die ich bin.

Ich bin ein vollkommener Mensch im göttlichen Licht meines Seins, in Liebe und Freiheit.

Jeder Bann und jede magische Einwirkung löst sich auf im kosmischen Tanz in Licht und Freiheit, die ich bin.

Ich bin frei, ich bin frei, ich bin frei!"

☆☆☆

Dieses kleine Ritual kannst du jederzeit für dich wiederholen, wann immer du magst.

Und spürst du nach dem Ritual irgendwo eine negative oder störende Reaktion in deinem Lichtkörper, so erlaube dem negativen oder störenden Energiefeld, sich aufzulösen in Transformation und Heilung für Alles-was-ist.

Und Kristalle in deinem Leben zu haben ist wunderbar. Nach dem Ritual spüle die Kristalle bitte kurz im Wasser und dann gönne ihnen Licht und Sonne.

Hast du das Gefühl, die Kristalle bedürfen einer stärkeren Reinigung, dann lege sie für vierundzwanzig Stunden in reines Wasser mit etwas Salz.

Geh mit allen Symbolen und Formen bewusst um und löse sie auf, wenn du sie nicht mehr brauchst.

Nimmst du eine offene Spirale als Symbol, um Energien zu manifestieren oder zu binden, bleibt die Spirale offen. So kannst du selbst bestimmen, dass nur lichtvolle Energien gebunden oder manifestiert werden sollen. Und diese Spirale wird sich, solltest du sie „in die Luft" gezeichnet haben, ganz von selbst wieder auflösen.

Nimmst du ein geschlossenes Symbol, ein Dreieck oder gar Metatrons Würfel, dann bedenke, dass du Energien in eine feste Form bindest, und dann prüfe, was du mit dieser Form möchtest. Und möchtest du aus ganzem Herzen eine Lichtbringerin oder ein Lichtbringer sein, dann bitte die Kräfte des Lichts dazu, bevor du ein Symbol einsetzt oder manifestierst und lass das Symbol sich erfüllen und auffüllen mit dem kosmischen Licht.

Wenn du das, was du tust, mit reinem Herzen tust, ist es immer gut.

In deiner ganzen Selbstermächtigung, die auch deine Eigenverantwortung beinhaltet, ist es immer deine Entscheidung. Und eine solche Entscheidung kann dich binden für lange Zeit.

Vergiss nicht, gebundene Energien wieder zu lösen, außer, du willst ganz bewusst und gezielt gebunden sein. Auch für den Fall gilt dein freier Wille.

Sei achtsam mit Ritualen aller Art, und wahrhaft meisterlich ist es, auch bei Ritualen selbst herauszutreten aus dem Sein und nur dem lichtvollen Selbst den Zutritt zu gestatten. Und machst du Einweihungen bei anderen Menschen oder Tieren, so biete die Symbole, die zu der Einweihung gehören, dem Lichtkörper des anderen nur an. So kann dieser sich nehmen, was er wirklich nach seinem freien Willen möchte, und ablehnen und zurückweisen, was er nicht will.

So kannst du bei Einweihungen mit Symbolen diesen die Intention mitgeben, dass sie sich auflösen, wenn der oder die Einzuweihende sie nicht braucht oder sie ihn oder sie einschränken oder begrenzen könnten.

Oft ist es für eine bestimmte Zeit gut, mit einem Symbol verbunden zu sein, und dann kommt eine Zeit, in der es hinderlich ist und wird, und dann ist es wichtig, sich davon lösen zu können.

Überlasse alles dem höchsten Selbst von Mensch und Tier, so bleibst du frei, und auch der oder die andere bleibt frei.

Willst du ein Symbol aus deiner Aura entfernen, so zeichne es mit dem Licht des Regenbogens entgegengesetzt der herkömmlichen Linienführung und übergib die Energie dann der Transformation und Heilung.

So werde ich auch für die Energieanhebungen der elf Meisterchakren in Absprache mit den Erzengeln und Meister/innen keine Symbole anbieten, die eingesetzt werden können, denn die Einweihungen werden durch die Erzengel und Meister/innen selbst durchgeführt.

Die Reise der Seele und Karma

Karma wird durch die eigene Selbstverurteilung und Entscheidung erzeugt. Stirbt ein Mensch und ist mit seinem vergangenen Leben nicht zufrieden, nimmt die Seele diese Unzufriedenheit, Trauer, Sorge usw. mit.

Auf der Lichtebene erhält die Seele Gelegenheit, sich mit dem vergangenen Leben auseinanderzusetzen und zu schauen, welche Unklarheiten und nicht harmonisierten Themen sie noch beschäftigen beziehungsweise belasten.

Konnte die Seele sich nicht von der Sphäre Gaias lösen, weil sie sich dort zum Beispiel noch an einen Menschen gebunden fühlt, wird sie dort bleiben, so lange sie möchte.

Sie kann jederzeit selbst die Kräfte des Lichts anrufen, um auf die Lichtebene zu gelangen und dort in Ruhe und behütet alles zu reflektieren.

Manche Seelen haben in ihrem vergangenen Leben so viel Angst und Beschränkung erlebt, dass sie es für sich nicht für möglich halten, auf die Lichtebene zu gelangen. Dann ist es gut, wenn sie Hilfe bekommen; das kann durch befähigte Menschen geschehen. Sie werden sich dann bei diesen Menschen melden und für sie spürbar werden, weil sie auch als Seele sehr wohl wahrnehmen, wer ihnen helfen kann und wer nicht.

Hat ein Mensch Selbstmord begangen, hängt es von der Seele desjenigen ab, ob er sich dafür verurteilt oder nicht. Wir verurteilen nicht.

Das eigene Urteil verhindert dann den Weg zur Lichtebene, wobei auch nicht für alle Verstorbenen diese Ebene erstrebenswert ist.

Es gibt durchaus Menschen, die nach ihrem physischen Tod andere Wege und Welten bevorzugen. Auch hier gilt immer der freie Wille.

Der Unterschied in dem weiteren Werdegang der Seele liegt immer im Motiv; oft spürt ein Mensch, dass es Zeit ist, zu gehen, oder er hat vollkommen ehrenhafte Motive, sein Leben zu beenden. Er wird dann genau so aufgenommen, wie jede andere Seele; die Lernaufgabe ist das eigenverantwortliche Handeln.

Kommen der Seele dann beim Reflektieren des vergangenen Lebens Bedenken, hat sie die Möglichkeit, dieses mit ihren spirituellen Helfern und Lehrern zu besprechen und trifft dann vielleicht – auch aus freiem Willen – die Entscheidung, das Thema noch einmal anzugehen. Sie sucht sich dann, wenn sie es für richtig hält, für die neue Inkarnation eine andere äußere Form, um sich das Lernthema zu erleichtern.

Die Seele weiß dann sehr wohl, was sie in der Inkarnation zu durchleben hat; es ist dann während der Inkarnation oft eine feine Intuition, die sie begleitet und sie spüren lässt, dass alles richtig ist, wie es ist, auch wenn es für das Ego oder das alltägliche Selbst nicht so scheint.

Und sie darf und kann jedes Lernthema sooft erneut angehen, wie sie selbst es für angebracht hält.

Das Urwissen über die göttlichen Schöpfungsregeln ist in jeder Seele vorhanden und im ganzen Universum verfügbar.

Wir machen niemanden krank, wir drohen nicht, und wir stürzen niemanden in sein Unglück, denn unser gemeinsames Anliegen ist Liebe, Frieden, Freude, Harmonie und Heilung. Krank machen sich die Menschen mit all ihren Zweifeln und Dogmen selbst. Und leider auch vieles andere mit. Ihr habt verschiedene Lernaufgaben in verschiedenen Inkarnationen, die ihr euch selbst gestellt habt. Wir bemühen uns, euch bei der Bewältigung der Lernaufgaben zur Seite zu stehen und euch zu helfen, aus der engen menschlichen Wahrnehmung in eine spirituelle zu wachsen.

Wichtig ist die Verankerung eures spirituellen Selbst in der Erde; dort, tief in Mutter Erde, befindet sich ein Chakra. Je stärker die Liebe zu Mutter Erde ist, desto strahlender leuchtet das in ihr ruhende Chakra. Auf diesem Weg könnt ihr viel Heilung auch für die Erde geben.

Als inkarnierte Menschen seid ihr Individuen so, wie auch wir Individuen sind. Erst das erlöste Individuum steigt auf; das heißt, es wächst immer stärker in sein göttliches Selbst hinein.

Es heißt nicht, dass ihr damit von der Erde oder aus der Erdsphäre verschwindet, sondern ihr das Gottselbst dort immer intensiver verwirklicht.

Auch wir Meisterinnen und Meister sind individualisiert; wir arbeiten für euch als Lehrerinnen und Lehrer und gleichzeitig an der eigenen weiteren Entwicklung.

Wir sind nicht von der Erde getrennt, können uns nur leichter aus der Erdsphäre lösen und nach unserem freien Willen auch in anderen Sphären bewegen.

Zurzeit sind viele Seelen auf der Erde inkarniert, die oft das Gefühl haben, nicht aufsteigen zu wollen. Sie spüren intuitiv, dass sie für die Mutter Erde gekommen sind und gar kein Grund besteht, diesen Bereich zu verlassen.

Diese Seelen arbeiten an der Verwirklichung ihres Gottselbst mit der Absicht, das unterste Chakra immer kraftvoller und leuchtender werden zu lassen, um Mutter Erde mit göttlicher Kraft zu heilen. Sie stellen sozusagen die Kanäle und Verbindungen für die Erde.

Viele Seelen werden im Bereich von Mutter Erde bleiben, bis sie geheilt ist und somit auch die große Menschenseele Heilung und Frieden, Harmonie und Freude erfährt.

Beides wurde in seiner Göttlichkeit verletzt, das Männliche ebenso wie das Weibliche. Es wurden Misstrauen und Angst gesät in die natürliche Liebe, die alles miteinander verbindet und die Schöpfer/innenkraft ist.

Immer wieder wurde versucht, das eine oder andere Geschlecht als besser oder schlechter darzustellen, und so wurden tiefe Wunden in deine Göttlichkeit gebrannt und in die Seele der Erde. Diese unendliche große Wesenheit, die Gaia ist, trägt all das mit, und diese Erneuerungen sind auch gespeichert in ihrem ganzen Sein.

Bemühe dich um den vollkommenen inneren Frieden und um Klarheit in deinem Sein, was auch immer du bist, Frau oder Mann. Du bist von nichts getrennt durch dein Geschlecht, und der Frieden in dir wird auch Gaias Frieden werden und seine Resonanzen finden im großen Ganzen.

Erschaffe du dir einen Ort in dir, den du „Ort deines inneren Friedens" nennst, das kann ein schamanischer Kraftplatz oder auch eine innere Landschaft sein. Und natürlich kann es auch ein Tempel aus Licht sein, mit dem du vertraut und verbunden bist.

Es ist nicht immer leicht, im inneren Frieden zu sein, und so erschaffe dir gerne an deinem Ort des inneren Friedens die Möglichkeit, deinen Zorn, deine Trauer, deinen alten Schmerz und alles, was du gerne möchtest, in eine

Feuerstelle zu tun und dort dem Feuerelement zur Transformation zu übergeben.

Und vielleicht magst du dort an dem Ort deines inneren Friedens auch noch einen Bereich haben, der mit wunderschönem klaren Wasser gefüllt ist und in dem du dich mit Hilfe des Wasserelementes von allen Lasten deines Alltags und den Resten aller Energien, die dich an deinem inneren Frieden hindern, reinigen kannst.

Und bring auch klare, reine Luft und den Wind mit in den Ort deines inneren Friedens und stell dich in eine leichte Brise, wenn du sie für dich möchtest.

Und erschaffe dir deinen Ruheplatz für die Meditation und für deine Erholung an diesem Ort deines inneren Friedens und verbinde dich mit der Erde, wenn du dich dort entspannst und den Ort deines inneren Friedens mit Licht und Heilung erfüllst.

Und möchtest du nicht alleine sein an diesem wunderbaren Ort in dir, dann bitte eine Meisterin oder einen Meister zu dir oder einen Engel oder Erzengel, ganz so, wie du dich wohlfühlst.

Bittest du einen anderen Menschen oder ein Tier zu deinem Ort des inneren Friedens, so beachte die Regeln und denke daran, diesen Menschen oder dieses Tier zum Abschluss deines Gesprächs in ein liebevolles Licht zu hüllen und vollständig gehen zu lassen. Bedanke dich bei diesem Menschen oder diesem Tier dafür, dass er/es bereit war, mit dir zu sein, und reinige deinen Ort des inneren Friedens danach von allen fremden Energien.

Aus diesen Kräften und aus diesem Frieden kann das Christusbewusstsein alles durchwirken und die bedingungslose Liebe die Schöpfung halten und tragen, denn das ist die Essenz der Schöpfung.

Aus der bedingungslosen All- Liebe ist alles entstanden, und zu ihr wird es zurückkehren.

Karma entsteht durch das eigene tiefe Seelenwissen der universellen Regeln; bei vielen Menschen und Tieren, die inkarniert sind, ist es aber auch die freiwillige Bereitschaft zur Wiederkehr.

Eine Seele, die sich auf der Lichtebene befindet, weiß und spürt ja, ob sie in der letzten Inkarnation vollkommen mit sich selbst im Frieden war. Und aus diesem Wissen und Spüren heraus wird sie sich, so sie denn will, ihr nächstes Leben gestalten.

Die Seele hat sich selbst entschieden, erneut zu inkarnieren, um etwas zu klären und zu heilen, was in ihr der Klärung und der Heilung bedarf.

Du hast dir dein Leben gestaltet und erwählt, um dich selbst zu vervollkommnen, um deine ganz eigenen Grenzen zu erkennen und dich selbst immer besser kennenzulernen. Und so hast du immer wieder Situationen, in denen dich das Gefühl beschleicht, in Grenzen verwiesen zu werden, die dir nicht gefallen und dir das Gefühl geben, unglaublich eingeengt oder gar geopfert zu werden. Denn du unterliegst den Regeln Gaias und denen des Kollektivs, in dem du lebst. Und erlebt das gesamte Kollektiv starke Umbrüche, bist du miteinbezogen in diese Umbrüche und wirst gefordert sein, mit ihnen umzugehen.

Was in dir schlummert und was du halten und bewirken kannst, erkennst du erst, wenn das Leben dich herausfordert. Und so lange noch etwas von der Trägheit in dir ist, von der Hemmung der Trägheit, wird diese herausgefordert werden aus ihrem Versteck im Ego, um in dem Licht der Seele sichtbar zu werden.

Und so lernst du all die Hemmungen kennen, die in dir schlummern, und auf deinem Weg zu deinem spirituellen Selbst und deinem spirituellen Sein wird all das ans Licht deiner Seele kommen, und du kannst entscheiden, wie du damit umgehst, und daran kannst du dich erkennen und lieben lernen.

Du bist Mensch, nun lerne, dich als Mensch zu lieben, so, wie wir dich lieben: In deiner menschlichen Unvollkommenheit und deiner göttlichen Vollkommenheit. Und erlaube deiner göttlichen Vollkommenheit, immer mehr zu deinem Menschsein zu werden.

Und so geht jede und jeder von euch den ganz eigenen Weg, stellt sich ihren und seinen Themen und wird heilen und wachsen.

Wir alle, die Kräfte des Lichts, sind bei dir, wenn du dich für die Kräfte des Lichts entschieden hast.

Dimensionen

Nun möchtest du sicherlich gerne wissen, was ich in all der Zeit getan habe? Da geht es schon los, bei dem „Ich", denn wer bin ich? Ich bin eine Energie aus einer anderen Dimension beziehungsweise, ich kann mich in jeder Dimension dieses Universums in den Strahlen der Hüteengel bewegen.

Die Hüteengel sind fünf Engel, die fünf Strahlen halten, und innerhalb der fünf Strahlen befinden sich wiederum unendlich viele Ebenen, Strahlen, Wege usw. Innerhalb dieser Strahlen sind alle Dimensionen eures Universums eingebettet. Nach diesen fünf Hüteengeln beginnt die Unendlichkeit, die eben auch keine Unendlichkeit ist. Denn dann beginnt die große Schöpfergöttin, die alle Universen in sich einschließt.

Ich war immer mit euch und mit Gaia verbunden – wie ich schon sagte, oft als Berater aus einer anderen Dimension.

Ich war anwesend in all den Zyklen und Entwicklungen, die die Menschheit nahm und durchlebte. Und genau wie all die anderen Meisterinnen und Meister habe auch ich immer den Kontakt zu dir und zu euch gehalten.

Zu jeder Zeit und in jeder Kultur gab es mediale Menschen; leider wurde das oft benutzt für den Machtmissbrauch. Andere Menschen suchten und fanden diese medialen Menschen, um sie für ihre Pläne zu benutzen und einzusetzen. Um Dinge zu erfahren, die der andere nicht wusste und um so einen Vorteil zu erlangen.

So waren diese sensiblen Menschen immer wieder dem Konflikt ausgesetzt, niemanden merken oder erfahren zu lassen, in welcher Weise sie „funktionierten", oder in vermeintlichen Sicherheitsbereichen zu leben mit der Hoffnung, dass sie nicht irgendwelchen Systemveränderungen „zum Opfer" fallen würden.

Immer und zu allen Zeiten haben wir auf diese Weise die Menschen begleitet, und immer haben wir jede Seele begleitet, so weit wir es durften, ohne gegen die kosmischen Regeln zu verstossen.

Der freie Wille war von uns zu beachten, und so nahmen wir alle immer Anteil an deiner und eurer Entwicklung, an eurem Mut und an eurer Kraft, immer wieder aufzustehen, immer wieder zu inkarnieren und immer wieder ein Wesen aus Licht zu sein. Unendlich oft kamst du zu uns, und genau so unendlich oft hast du dich entschieden, wieder zu inkarnieren, um dich weiter und weiter zu entwickeln oder auch, um bei denen zu sein, mit denen du durch das Licht deiner Seele verbunden bist. Und oft inkarniertest du, um Gaia liebevoll zu begleiten und auch von ihr liebevoll begleitet zu werden.

Diese kosmische Liebe zu Gaia, die in dir wohnt , lässt dich immer wieder zu ihr zurückkehren.

Du kennst bestimmt die Geschichte mit dem Aquarium? Die Geschichte, in der innerhalb eines Aquariums ein kleineres Aquarium ist, das mit entsprechendem Material so abgetrennt ist, dass die Fische in dem kleinen Aquarium die Fische in dem großen Aquarium nicht sehen können. Nun entstehen kleine, durchsichtige Felder in der Wand des kleinen Aquariums, und die Fische in dem kleinen Aquarium erschrecken sich kolossal, weil sie teilweise die Fische in dem größeren Aquarium sehen können. Und die Fische in dem großen Aquarium sagen, das ist ja drollig, plötzlich können wir in den Berg schauen, und es ist gar kein Berg. Und alle erschrecken sich heftig, die in dem großen und die in dem kleinen Aquarium, und brauchen Zeit, sich aneinander zu gewöhnen, sich kennenzulernen und das Miteinander-Sein zu lernen.

So geht es vielen Menschen heute, sie schauen in die Welt, in ihre Welt, und sehen plötzlich etwas, das sie vorher noch nie in ihrer Welt gesehen haben. Einen Engel, eine Elfe, einen Zwerg? Und nach all der langen Zeit der Dunkelheit und des Vergessens erschrecken sie sich sehr und denken, sie haben eine Störung irgendwo. Aber langsam, ganz langsam, gewöhnen sie sich daran.

So ist das auch mit dem Hören und dem Fühlen, denn ihr seid vollkommene, mehrdimensionale Wesen.

Die spirituellen Sinne öffnen sich, und du hörst Worte, die du vorher nie gehört hast. Oder du hast das Gefühl, Verstorbene würden mit dir sprechen. Schau einmal, wie sich das für dich anfühlt, denn das alles ist ganz normal. Du darfst frei entscheiden, mit wem du sprechen möchtest. Lass dich nicht verwirren, denn auch bei den spirituellen Sinnen ist es genauso wie bei den körperlichen.

So, wie du frei entscheidest, ob du eine bestimmte Musik hören willst, kannst du auch frei entscheiden, mit wem du redest.

Prägen deine spirituellen Sinne sich aus, reicht deine klare Absicht, um zu entscheiden, wie weit sie reichen, was du siehst und was du hörst.

Sei dir sicher, dass die Kräfte des Lichts niemals gegen deinen freien Willen handeln werden.

Vor langer Zeit erzählte meine Partnerin mir, dass sie sich sehr um die Menschen sorge, die ihr so tagtäglich begegneten, denn sie hatte in ihren Augen gesehen, dass viele nun ihre Seele verloren. Sie war traurig, das war sie ständig, über alles, was sie sah, und sie schimpfte mit mir. Und sie sagte mir, dass ich und wir nun gefälligst mal etwas tun sollten, damit das aufhört und damit alle Wesen endlich wieder glücklich sein können und wissen, wer ihnen hilft und an wen sie sich vertrauensvoll wenden können. Und ich sagte ihr, das würde ich gerne tun, aber die anderen Menschen würden mich nicht hören. Da wurde meiner Partnerin klar, dass ihr Leben sich ändern würde, denn sie hört mich ja schon ihr ganzes Leben lang. Und sie würde meine Worte weitergeben an all diejenigen, die sie hören möchten und sich dadurch bereichert und angesprochen fühlen.

Das war für meine Partnerin ein relativ langer Weg, denn ein Menschenleben ist ja wirklich relativ. Aber es hat auch ganz deutliche physikalische Gründe, denn meine Energie ist ganz anders als eine menschliche, körperliche Energie, und so kann es sich durchaus anfühlen, als hättest du dich mit mehrdimensionalen Energien verbunden, was dann ja auch der Fall ist. Und es bedeutet auch, vieles von dem eigenen Ego aufgeben und sich selbst loszulassen im Vertrauen auf Liebe, Heilung und Sein für Alles-was-ist.

Der enge Kontakt zu einem Lichtwesen aus einer anderen Dimension bedarf allerlei Umstellungen in deinem Körper, und du tust gut daran, wenn du so etwas möchtest, dich auf diese Phasen einzustellen, entsprechende Bücher zu lesen und wissende Menschen zu befragen.

Denn das ist das Wunderbare in der jetzigen Zeit, dass es möglich ist. Sicherlich nicht für alle Menschen, und sicherlich ist auch jede/r mit ganz unterschiedlichen Dimensionen und Wesenheiten verbunden, aber die Verbindungen im allgemeinen sind leichter und schneller geworden.

Erinnere dich an die Zeit des Anfangs; auch damals waren viele lichtvollen Seelen auf Mu und stellten im Einklang mit Gaia wunderbare und wertvolle Gegenstände her in ihrer bereits festeren Körperlichkeit, in der sie sich sehr wohl fühlten. Das eine wäre nicht ohne das andere gegangen, und so braucht das eine das andere, und alles ist miteinander verbunden. Je mehr Heilung, Licht und Frieden in dir sind, desto mehr Heilung, Licht und Frieden erfüllen Gaia und den Kosmos.

Meine Energie war auf eine sehr feine Art für die Dichte, die euer Leben erreicht hatte, immer auf Gaia vertreten. Auch wenn ich mich nicht ständig im unmittelbaren Bereich Gaias aufgehalten habe, war doch immer etwas von mir hier.

Schon durch die Kristalle und Edelsteine war und bin ich immer mit Gaia verbunden, und oft hatte ich in wichtigen Umstellungs- und Entwicklungsphasen auch eine Inkarnation auf Gaia.

War ich körperlich nicht anwesend, so stand ich doch in dauerhaftem, medialem Kontakt zu den anderen „Erleuchteten", die in all der Zeit auf Gaia wandelten und immer wieder als menschlich göttliche Säulen zu Entwicklung und Erleuchtung beitrugen und die kosmischen Verbindungen hielten.

So war ich in der Zeit der so genannten ägyptischen

Hochblüte ständig verbunden mit den Hohepriestern und Priesterinnen der Isis und der Hathor und inspirierte in vielen Kulturen die entsprechenden Bereiche.

Nachdem Lemuria, Mu und Atlantis in eine andere Dimension gewechselt hatten, entstanden über Gaia verteilt überall die sogenannten „Hochkulturen" in eurer Dimension, und es war für mich keine Schwierigkeit, mit ihnen und ihrer Entwicklung verbunden zu sein.

Sie alle sind nicht fort oder untergegangen, sie sind in einer anderen Dimension, und so kannst du als medialer Mensch ganz frei entscheiden, ob es für dich richtig ist, mit ihnen verbunden zu sein. Öffnest du deine spirituellen Sinne für die anderen Dimensionen, hast du selbst die Möglichkeit zu bestimmen, mit wem du verbunden sein möchtest oder eben nicht.

Oft hast du bereits vor deiner jetzigen Inkarnation eine Vereinbarung getroffen, und mit der Öffnung der spirituellen Kanäle beginnt dann auch dieser Kontakt zu fließen und zu wachsen.

In den Hochkulturen gab es zu allen Zeiten Menschen, die sich durch Besonderheiten auszeichneten und über die ihr Hinweise in der Literatur der jeweiligen Kultur findet. So war ich zu allen Zeiten mit der gesamten Menschheit verbunden, mal intensiver, mal weniger intensiv.

Überall dort, wo es um Entwicklung, Weisheit und Unterscheidungsvermögen ging, überall dort, wo Menschen sich trafen, um etwas zu schützen und zu hüten, was auch im kosmischen Sinne schützens- und hütenswert ist, überall dort war auch ich vertreten. Es sind kosmische, mehrdimensionale Verbindungen, und mach dich mit dem Gedanken vertraut, dass in einer anderen Dimension alles noch existent ist. Durch die jetzigen Öffnungen werden immer mehr Menschen visionäre Zugänge und sogenannte außerkörperliche Erfahrungen machen, die in Verbindung mit den aus deiner Dimension enthobenen Kulturen zu tun haben.

So kannst du darum bitten, in deinen Meditationen mit einer für dich vergangenen Kultur verbunden zu werden und auch mit dem Teil deines multidimensionalen Selbst, mit dem du dort verbunden bist.

Sicherlich bist du informiert darüber, wie oft Menschen von Systemen isoliert wurden, weil sie medial oder anderweitig begabt waren. Und das geschieht auch teilweise heute noch. Es wird zwar immer seltener, dass Systeme einen derartigen Zugriff haben, und doch gibt es noch vieles, was anzuschauen, zu benennen und zu heilen ist. Ohne eure Bereitschaft dazu, ist es nicht möglich, und ihr könnt gewiss sein, dass die Kräfte des Lichts nicht in alles eingreifen dürfen und auch nicht alles verhindern dürfen und können, was ihr als traurig oder belastend empfindet.

Aber seid ganz sicher, dass wir immer auf der anderen Seite der Wirklichkeit oder der anderen Seite des Schleiers sofort bereit sind, jemanden in die Arme zu nehmen, zu helfen, zu trösten und zu führen. Wir lassen niemals eine Seele allein, wenn sie es nicht ausdrücklich wünscht. Und jede Seele hat jederzeit die Möglichkeit, diesen Wunsch zu korrigieren und uns zu rufen.

Meine eigene Energie war lange Zeit für Menschen gar nicht auszuhalten, und so mussten Wege und Möglichkeiten geschaffen werden, dass ein Kontakt stattfinden konnte. Stell dir ein Elektrizitätswerk vor, in dem sich in den entsprechenden Anlagen eine unglaubliche hohe Voltzahl befindet. Diese Hochspannung wird nun „verdünnt" und kompatibel gemacht für die Kabel, und aus deiner Steckdose kommt die passende Voltzahl für das Gerät, das du daran anschließen möchtest.

So ähnlich ist es auch mit den Kräften des Lichts, natürlich ist meine Erläuterung zu dem Elektrizitätswerk nur eine ganz einfach Erklärung, die aber vielleicht dazu beiträgt, dass du verstehst, was ich meine.

So wirkte meine Energie lange Zeit mit durch die anderen, die ihr als Aufgestiegene Meisterinnen und Meister bezeichnen, sozusagen wie eine Verstärkung oder ein zusätzlicher Einfluss.

Du selbst lebst in einer bestimmten Ordnung oder eben

einer bestimmten Matrix, und nun ist es erstmals seit langer Zeit möglich, durch all diese relativ stabilen Energiefelder wieder in eine Art „kosmischen Kontakt" zu treten.

Stell dir einmal vor, es befinden sich diverse verschiedene Matrixen nebeneinander in der Welt, die deine ist.

Du bist aufgewachsen in einer Matrix, und im Laufe deines Lebens spürst du, dass bestimmte Dinge dir nicht gefallen oder eine innere Unruhe dich immer wieder befällt und du auf der Suche bist. Dann sagt etwas in dir, dass du eine andere Matrix brauchst.

Ist dir einmal aufgefallen, wie stark Menschen, Tiere und Pflanzen sich an bestimmten Orten verändern? Wie sie sich langsam, aber sicher ihrem Umfeld anpassen? Der Matrix des Ortes, an dem sie leben?

Hast du schon einmal beobachtet, dass Menschen an einem Ort sich anders verhalten als an einem anderen? Beobachte doch einmal deine Mitgeschöpfe; welche Orte mögen sie, und welche Orte magst du?

Du bewegst dich in einer Matrix und sehnst dich nach einer anderen Matrix? Und dann beginnt das zähe Ringen: Kannst du dich aus einer Matrix lösen? Magst du aufgeben, was dir vertraut ist für die Ungewissheit, nicht zu wissen, was dich erwartet?

Und nun schau, was dich hindert, deine Matrix zu suchen? Erkenne dich selbst über das, worin du dich sicher und wohlfühlst, und prüfe, wann du beginnst, zu viele Kompromisse zu machen, um in der Matrix bleiben zu können, in der du es gewohnt bist zu sein.

Verbinde dich mit Gaia, dort, wo du bist, und bitte sie um Führung. Wie reagiert dein körperliches Selbst an dem Ort, an dem du bist? Ist es leicht und voller Freude, ist dein Körper beweglich, und bist du durchflutet von Wohlgefühl?

Dann bist du richtig, wo du bist. Vertraue deinem Kontakt zu Gaia und vertraue deinem körperlichen Selbst, und du wirst wissen, wo du hingehörst.

Menschen nehmen Argumente der Vergangenheit und transferieren sie in die Zukunft, um Veränderungen zu verhindern oder aufzuhalten. Niemand weiß, wie die Zukunft sein wird, aber eines ist gewiss, sie wird nicht sein wie die Vergangenheit.

Sie wird anders sein, als Menschen mit den Erfahrungen der Vergangenheit sie sich vorstellen können, und sie entfaltet sich aus einem großen, energetischen Pool heraus, in dem alle Fäden und Themen zusammenlaufen.

Suche nicht den Fehler in der Vergangenheit, stehe fest im Hier und Jetzt, und hast du Sorgen oder bist krank geworden, dann suche die Lösung. Und nun horche, in dem Wort „Lösung" liegt das Wort „Erlösung", und darin liegt das Wort „loslassen".

Löse dich von der Vergangenheit und hilf auch Gaia, das Vergangene loszulassen. Vieles ist gebunden worden in ihr Sein, und all das kann und darf gehen und transformiert werden.

Sich selbst lösen, etwas loslassen. Was sagt dein Körper dir? Wovon darfst und kannst du dich lösen? Prüfe immer, wenn du Sorgen hast, wo die Lösung ist. Und prüfe es in dir, in deinen Bewertungen, in deinem Sein. Was in dir und um dich herum bedarf der „Erlösung"?

Denke daran, niemand verlangt ein Opfer von dir. Du ganz allein bestimmst und kreierst dein Leben und deine Matrix. Und daran, wie du das gestaltest, kannst du dich selbst erkennen und kennenlernen.

Nennen wir die eine Matrix einmal die Matrix von Leid und Mitleid. Bewegst du dich in der Matrix von Leid und Mitleid? Wirst du zum Heiler bei all dem Leid und Mitleid? Oder bewegst du dich in einer Matrix, in die du gar nicht gehörst? Sind Leid und Mitleid gar nicht dein Thema? Eine Matrix kann nur existieren durch die Gegensätze: Wenn niemand leidet, braucht auch niemand Mit-leid zu haben.

Es ist dein freier Wille, mit dem du dich entscheidest, womit du verbunden bist, und so darfst du auch frei entscheiden, ob du leidest oder nicht leidest. Bist du mit einem Bereich verbunden, in dem natürlicherweise davon ausgegangen wird, dass Leben und Leiden zusammengehören, dann bist du mit diesem Leid verbunden und hast dich entschieden, dieses Leben im Leid zu verbringen.

Auch in dem Bereich sind unendlich viele Menschen damit beschäftigt herauszufinden, wer denn nun am meisten leidet, und selbst auf dieser Ebene findest du den Ausdruck der sieben Hemmungen.

Und wie ist es mit der Matrix von Mangel und Fülle? Schau da noch einmal bei den sieben Hemmungen. Ist nirgendwo Fülle, gibt es auch keinen Mangel. Wer immer im Mangel ist glaubt, dass alle anderen mehr haben, oder die Fülle eben immer woanders stattfindet. Dann schaust du von dir fort zu denen, die vermeintlich mehr haben, und durch das Setzen dieser Bewertungen erschaffst du dir die Matrix des Mangels.

Je weiter du dich löst aus dem Bewerten, desto weiter löst du dich aus der entsprechenden Matrix. Schau, was du möchtest und für dein Leben als sinnvoll erachtest.

Und erlaube all diesen Matrixen, die du für dich nicht mehr willst, sich aufzulösen und schwächer und schwächer zu werden.

So kannst du deine Absichten klar formulieren:

„Ich bin und lebe in einer Matrix der Fülle, des Wohlstands, der Gesundheit, der Freude, der Liebe und des Friedens."

Und so werden genau diese Dinge, die du dir wünschst, beginnen, durch deine Matrix zu fließen. Deine ganz eigene Matrix ist das Gitternetz mit deinen Salmipunkten oder Eckpunkten, durch das du angeschlossen bist an die kosmische Matrix. Löse dich aus den Gedanken, dass du eine karmische Verstrickung hast oder eine alte Last tragen sollst. Erlaube frei und klar den alten Themen, sich aufzulösen in Licht, Liebe und Frieden. Und wenn du dann in Ruhephasen das Gefühl hast, dass etwas aus deinen Chakren oder deiner Aura gelöst wird, so lass es einfach zu und mit einem Lachen gehen.

Entscheide dich für dein Leben, deine Verantwortung für dein Leben, dein Bewusstsein, verbinde dich mit deiner Matrix und erfülle sie mit deinem reinen Sein.

Das Bild entsteht im Auge des Betrachters, denk daran!

(Siehe auch www.aiana.de Gitternetz und Salmipunkte.)

Multidimensionales Sein

Viel hast du schon gelesen und gehört über all die verschiedenen Dimensionen, und so kannst du dir nach dem Lesen über die „fünf Hüteengel" hoffentlich eher vorstellen, was damit gemeint ist.

Und so wisse, dass Lemuria, Mu und Atlantis nicht einfach verschwunden sind. Sie existieren noch immer in einer anderen Dimension. Und mit dieser Dimension sind viele von euch verbunden, und wenn es um den Aufstieg Gaias geht, so folgt Gaia diesen, ich nenne es einmal „Ankern", in der nächsten und weiteren Dimensionen.

Suchen Forscher in deiner Dimension die Ruinen der versunkenen Städte tief in den Ozeanen und in den Regenwäldern, so ist in einer anderen Dimension alles da, was zu dieser Kultur gehört und was sie ausgemacht hat.

Du bringst es in eine lineare Abfolge, und so entstehen Missverständnisse in deinem multidimensionalen Sein, denn auch in der Dimension, in der die jeweilige Kultur sich gerade befindet, hat sie sich weiterentwickelt.

Lemuria, Mu und Atlantis haben bestimmte Zyklen der Entwicklung in deiner jetzigen Dimension durchlaufen und vieles materialisiert, wovon es immer noch materialisierte Reste zu finden gibt.

Und auch Lemuria, Mu und Atlantis haben sich weiterentwickelt, nachdem sie der Dichte enthoben waren, und auch dort geht es weiter und weiter.

Darauf weist auch die hermetische Lehre hin: „Wie oben, so unten."

So sagt dir deine tiefe Sehnsucht, mit welcher „Kultur" du verbunden bist, und immer wieder kannst du schauen, ob es etwas Altes ist, was sich dort in dir regt. Hast du eine tiefe Abneigung oder Zuneigung zu einem der Bereiche? Dann regt es sich, weil es der Heilung bedarf.

Und dann schau nach deiner Sehnsucht, wohin trägt sie dich, wenn du ihr erlaubst, dich zu tragen? Nach Atlantis, nach Lemuria, nach Mu?

Wie ich bereits sagte, findest du überall auf Gaia Hinweise auf die Verbindungen, und hatte zum Beispiel Lemuria etwas wie einen zentralen Punkt, was du heute wohl als Hauptstadt eines Landes bezeichnen würdest, so waren die lemurianischen Energien über ganz Gaia aktiv und vernetzt. Und ebenso bildeten sich Atlantis und auch Mu heraus, und auch sie vernetzten sich.

Bist du heute, in der Jetztzeit, bereit, den Ort deines inneren Friedens immer wieder zu nähren und zu stabilisieren und beizutragen zu einer Menschheit, die in Harmonie miteinander sein kann, dann trägst du über dein multidimensionales Sein zu dem kosmischen Frieden bei.

Und zu der Heilung und dem Aufstieg Gaias und der gesamten Schöpfung.

Machst du eine energetische Reise zu den „alten Kontinenten" und erlebst oder siehst etwas, was deinen inneren Frieden stört, so trage zu der Heilung bei. Übe dich im Verzeihen und Vergeben und verstehe, dass diese Erfahrung, die du gemacht hast, gespeichert ist in den Dimensionen.

Und erklärst du sie für geheilt und kannst sie vergeben und wächst weiter in dein multidimensionales Sein, so kann sie heilen – und wieder ist ein Teil der gebundenen, dunklen Energie frei und kann zu dem wunderbaren Licht werden, das es ist.

Die Schamanen und Schamaninnen unter euch wissen, was ich meine. So ist auch in vielen anderen Dimensionen manches nicht harmonisch oder heil, da alles in Resonanz miteinander ist. Und werden auf Gaia die multidimensionalen Selbste eines Menschen gebunden, wirkt sich das auf alle anderen Dimensionen mit aus.

Betrachte Gaia einmal als eine Art Bibliothek für die Geschichte der Menschheit.

Ausgrabungen werden gemacht, und mit jeder Ausgrabung, die ja natürlicherweise ein Vorgang ist, der in die Tiefe, also nach unten, führt, kommt etwas aus der

Menschheitsgeschichte ans Licht, also nach oben.

Nun versuchen die Menschen herauszufinden, was sie da eigentlich ausgegraben haben, und je nach Interessenlage beschäftigen sich viele Menschen mit diesen Funden. Auf Grund der dann vorherrschenden Meinung von Menschen, die als Wissenschaftler bezeichnet werden, bildet sich dann eine mehr oder weniger einheitliche Bewertung heraus, die dann wiederum Wissensgrundlage für alles andere, was dem zugeordnet wird, ist.

Betrachte das einmal nach den hermetischen Gesetzen; etwas von ganz unten aus den Bibliotheken Gaias wird ans Licht, also nach oben, gebracht. Linear betrachtet wird es einem Zeitpunkt der Vergangenheit zugeordnet, an dem es erbaut oder erschaffen oder auf Gaia „heruntergefallen" sein soll, wie es bei einem Meteoriten möglich ist.

Betrachtest du es mehrdimensional, so kannst du diesem gefundenen Bauwerk oder Ereignis Energien senden, um eventuell damit gekoppelte Dramen aufzulösen und auch im kosmischen Sinne zu lösen.

Als Beispiel nehme ich hier einen alten Opferplatz aus irgendeiner Kultur; die meisten Menschen gehen dorthin, wo zum Beispiel eine alte Stadt ausgegraben wurde, und bestaunen das Gefundene. Sie sortieren sachlich zu, was sie sehen.
Energetisch gesehen wurde diese Stadt vermutlich

durch eine Katastrophe zerstört, und viele Menschen und Tiere sind dabei gestorben. Betrachtest du das nun mehrdimensional, so ist dieses Leid auch in den anderen Dimensionen gespeichert.

In dieser Zeit der Veränderungen und der Heilung Gaias ist es wunderbar, wenn du an diese Orte Heilenergien senden magst und Lichtkanäle baust, damit gebundene Seelen gehen können und Heilung in allen Dimensionen stattfinden kann.

In all der Zeit wurden auf fast allen Kontinenten Gräueltaten größeren Ausmaßes begangen, und so kannst du wieder und wieder Lichtkanäle bauen und die Kräfte des Lichts um Heilung für die gebundenen Seelen und Energien bitten.

Genau so wie die Bibliotheken Gaias sich nach unten öffnen und mehr und mehr über die Menschheitsgeschichte freigeben, genauso entstehen auch die Öffnungen nach oben durch die Dimensionen.

Gaia verändert ihre Lage im kosmischen Gefüge im Einklang mit dem Kosmos, und sie wird leichter. Die Menschheit hat zu einem Großteil dazu beigetragen, dass das nun möglich ist Gaia gibt alles, was sie hat, und was sie nicht so geben kann, wird ihr entnommen, und das in großen Mengen. Und auch das trägt dazu bei, dass sie sich verändert.

Die Schlüssel der Menschheitsgeschichte öffnen sich

von innen nach außen, und so werdet ihr auch erleben dürfen, dass Menschheit nicht gleich Menschheit ist.

Ihr kamt von den Sternen, von verschiedenen Sternen.

Und so gibt es Unterscheidungsmerkmale zwischen den Menschen, die auf energetischer Ebene sind, und anderen, die auf körperlicher Ebene sind.

Und gibt es da eine Diskrepanz zwischen deinem körperlichen Selbst und deinem Bewusstsein, und du wünschst dir oft, du würdest anders aussehen oder ein anderes Geschlecht haben wollen, dann sprich mit deinem spirituellen Selbst, warum du dir das so kreiert hast, wie es ist.

Denn dass du genauso bist, wie du bist, hast du dir erwählt und erschaffen. Und auch, dass du genau in dieser Zeit hier auf Gaia bist.

Und finde die wunderbaren Gaben deines spirituellen Selbst und beginne, die Zusammenhänge zu verstehen.

Zeit

Es ist eine wunderbare Zeit, in der du das hier liest, eine Zeit, die auch für mich eine Zeit der Freude ist, denn endlich ist das dunkle Netz, die dunkle Matrix, entkräftet, und ihr seid so viele wunderbare Seelen, die sich bereit erklärt haben, in dieser Zeit auf Gaia zu sein und Gaia, und somit der ganzen für euch wahrnehmbaren Schöpfung, zu helfen, wieder die Strahlen des Lichts und der Farben zu verankern, damit Gaia heilen und aufsteigen kann.

Auch Gaia wird sich stark verändern, und es liegt in euren und unseren Händen, für die Zukunft ein Feld des Lichts, der Liebe, der Klarheit, des Friedens und der Freude zu erbauen, in das alles hineinwachsen kann, was dort hineingehört.

Erfüllst du deine Matrix, dein Gitternetz, mit Frieden, Klarheit, Licht und Liebe, stärkst du Gaias Matrix aus Frieden, Klarheit, Licht und Liebe.

Und solltest du das Gefühl haben, müde zu sein, dann verbinde dich einfach mit meiner Liebe zu Gaia; sprich es einfach aus, und sie wird durch dich fließen bis in Gaias Zentrum, und sie wird dich reinigen, halten und erfüllen.

Oft taucht das Wort „Sternentor" in eurer Zeit auf, und diese Bezeichnung trifft genau das, was an eurem Himmel geschieht. Die Planeten wandern und wandern, drehen ganz klar ihre Runden, und es ist für euch berechenbar geworden, wann sich welcher Planet wo befindet. Natürlich gibt es noch unendlich viele andere Planeten und Asteroiden, aber bedenke: Wie oben, so unten, wie innen, so außen. Gebt ihr liebevolle Energien in die Kunde der Planeten zu den Planeten, die ihr beachtet und wertschätzt, geben sie es euch zurück beziehungsweise baut sich für diese Planeten wiederum eine liebevolle Energie auf, die sich durch die entsprechende Resonanz immer weiter verstärkt.

Bei der Gestaltung Gaias haben wir bereits gewusst, welche Planeten wann und wo sein werden, und egal, wie viel ihr hin- und herschiebt oder diskutiert, welche Berechnungsmethode nun die richtige sei, finden genau die Öffnungen der entsprechenden Sternentore statt, die wir damals vorgesehen haben.

Und du kannst vollkommen sicher sein, dass das, was ihr heute unter Astrologie oder Sternenkunde versteht, wirklich sehr wenig ist zu dem, was ihr damals davon verstanden habt. Ihr wachst gerade langsam wieder hinein in diesen Kosmos, aber, da darf ich mich korrigieren, ihr wachst nicht so langsam wie unendlich viele Generationen vor euch, denn auf Grund der Energien, die von den Planeten und den lichten Reichen zu euch fließen, wachst ihr schneller, als es jemals vorher vorstellbar war. Und so, wie dein Verstehen wächst, wachsen auch in deinem Inneren deine Wahrnehmungsfähigkeiten.

Wie innen, so außen – denk daran!

Und erinnere dich, die oder der du das hier liest, das entfaltete Christusbewusstsein war immer in dir, denn niemand kann dich etwas lehren, was nicht bereits in dir angelegt ist.

Jemanden zu lehren bedeutet, zu wecken und zu verschönern, was bereits da ist. Und voller Freude zu erleben, wie es sich entfaltet und das spirituelle Selbst sich ausbreitet und endlich den Raum und die Energien für sich nimmt, die ihm zustehen. Dann wird einfach alles möglich, und du stehst in deiner ganz eigenen Schöpfer/innenkraft. Und nun verstehe endlich, wer du bist, warum du gegen so vieles Widerstand geleistet und so oft gezweifelt und gehadert hast. Das alles kannst du nur tun, wenn etwas bereits in dir ist, was dich treibt, weiterzusuchen und weiterzugehen.

Hör auf, an dir selbst zu zweifeln und mit dir zu hadern, und begrüße deine innere Unruhe und Unzufriedenheit. Sie sind die Motoren, die du dir selbst eingebaut hast, um nicht der Trägheit anheimzufallen und ihr nicht zu erlauben, dein Leben zu bestimmen.

Schau dich und dein Leben an und suche die Zusammenhänge; verstehe, dass dein ganzes Leben eine Reihe von Ereignissen ist, die dich genau zum Hier und Jetzt geführt haben – genau zu dem Punkt, wo du heute bist.

Und schau einmal zurück, was du bereits alles geheilt und überwunden hast, und gratuliere dir dazu. Du hast so unendlich vieles bewirkt und erreicht, und so erlaube auch den Kräften des Lichts, das mit dir zu feiern und sich gemeinsam mit dir daran zu erfreuen.

Als das dunkle Netz sich über Gaia zuzog, traten Erfahrungen in dein Leben, die unendlich schmerzhaft für dich waren. Aber, sei gewiss, alles ist heilbar. Du brauchst nur die Entscheidung zu treffen, zu heilen. Erkläre die klare Absicht, dass du heilen möchtest an Körper, Geist und Seele. Damals wurde eine Saat in eure Selbste gesät, die bereits von Jesus Sananda aufgezählt wurden, um euch aufmerksam zu machen: die sogenannten „sieben Todsünden". Immer wieder haben Meister und Meisterinnen versucht, euch auf diese üble Saat aufmerksam zu machen und euch darauf hinzuweisen, dass ihr sie auch wieder entfernen könnt aus eurem Sein, wenn ihr euch ihrer bewusst seid. Keine Meisterin und kein Meister wird jemals versuchen, dich in etwas Bedrohlichem oder Angsteinflößendem zu binden; sie machen dich aufmerksam auf alles, was dich hindert, freudvoll und lebendig zu sein. Und so inkarnierte auch damals der große Avatar, um euch zu erinnern, wer ihr wirklich seid, und euch aus dem zu lösen, was euch Schmerz und Angst macht.

Es sind die Wurzeln der Dunkelheit, und wenn du das Gefühl hast, in Dunkelheit und Schmerz zu versinken, dann prüfe sofort nach, ob eines dieser Themen oder Implantate aktiviert wurde. Diese Themen haben keinen Bestand und Halt in dem Selbst einer Lichtbringerin, eines Lichtbringers, und sollte noch ein entsprechendes Implantat in dir sein, bitte die Erzengel und die Meister/innen darum, es zu entfernen.

Verbinde dich mit deinem Tempelchakra und deinem Erdchakra und erkläre, dass du heilen willst an Körper, Geist und Seele. Lass es uns alle wissen und wiederhole:
„Ich bin heil an Körper, Geist und Seele. Und ich bitte um Entfernung und Lösung von allem, was mich daran hindert, heil an Körper, Geist und Seele zu sein."

Nutze diese wunderbare Zeit, in der du lebst als Mensch, in der du dazu beitragen kannst, dass die Kräfte des Lichts das dunkle Netz von der anderen Seite des Schleiers auflösen können und ihr alle euch begegnen könnt, damit Gaia sein kann, wer sie ist: ein Planet der Kontemplation, der Schöpferinnenkraft, des Friedens und der Freude.

Sprich den Satz:

„Ich stehe im Licht und bin vollkommen heil an Körper, Geist und Seele. Ich entlasse die dunkle Saat aus meinem ganzen Leben und meinem mehrdimensionalen Sein- für alle Zeit. Genau jetzt."

Sprich ihn, sooft du magst und es dir gefällt. Und dann lass all die wunderbaren, heilenden und freudvollen Energien in dein Leben kommen, lade sie ein, lade uns, die Kräfte des Lichts, ein.

Denk daran, alles ist Energie, und du entscheidest, mit welchen Energien du dich verbindest. Bei allem, was du tust, was du sprichst, was du denkst, verbindest du dich mit etwas, und je klarer dein spirituelles Selbst in dein Leben integriert ist, desto klarer wirst du sein und werden. Und so entscheide immer wieder, womit du verbunden sein möchtest, denn du gehst immer mehr in die Selbstermächtigung, in deine ganz eigene Macht.

Entwickle ein Bewusstsein dafür, was geschieht, wenn du dich mit den alten Energien verbindest, die vor langer Zeit manifestiert wurden.

Mach dir bewusst, dass alles auf Gaia seine ganz eigene Zeit hat und das, was vor langer Zeit auf Gaia manifestiert wurde, heute oft der Korrektur durch ein erweitertes Bewusstsein bedarf.

So schwingt in einigen noch die Hochblüte Ägyptens oder der Mayas, und sie wären gerne noch einmal Hohepriester in einem Tempel, den es schon lange in der Form nicht mehr gibt, so, wie es die ganze Kultur nicht mehr gibt.

Und da ist zum Beispiel die „heilige Geometrie". Höre auf, sie als heilig zu bezeichnen und anzubeten. Nimm die geometrischen Formen und beginne, sie in deinem Bewusstsein oder auf dem Papier zu verändern. Gehst du in die alten Formen, dann gehst du eben in die alten Formen; das zeigt nur deine Sehnsucht nach etwas, was schon einmal war und aus linearer Sicht in der Vergangenheit liegt. Und es kann dein Wachstum und deine Entwicklung behindern. Denke daran, es kann, es muss nicht unbedingt so sein. Wichtig ist für dich, dass du es in dir prüfst. Brauchst du klare und geometrische Strukturen oder brauchst du fließende Formen?

Setz dich hin, male ein Dreieck und beginne, damit zu spielen. Gib dem Dreieck größere und weichere Formen, bring es zum Fließen und in Bewegung und schau dir einfach an, wo es sich hinbewegt. Wie möchte dein Dreieck aussehen? Mach das mit der ganzen Geometrie, mit allen starren Formen, die dir einfallen.

Und so bringst du deine eigene Matrix, dein eigenes Gitternetz zum Fließen und löst dich aus der Starre der alten Zeit, der Vergangenheit.

Und du begibst dich in die Gestaltung deines Lebens, deines Seins. Nimm es an und handle. Fange bei dir an und löse dich aus den alten, starren Formen der „heiligen Geometrie". Und schau immer wieder hin, warum dich etwas längst Vergangenes so fasziniert, nimm es zur Kenntnis, sortiere, was du davon noch möchtest, und lass alles andere in Frieden und Liebe gehen.

Alles hat seine ganz eigene Zeit, und spürst du in dir selbst Enge und starre Strukturen, dann gehe spielerisch mit Formen um, befasse dich mit Spiralen und Wellen und erlaube ihnen, durch deinen Lichtkörper zu fließen und ihn zu reinigen von alten, vielleicht starr gewordenen Strukturen.

So kannst du mit Formen und Farben spielen und umgehen und immer wieder für dich selbst prüfen, was dir Leichtigkeit und Freude bringt. Und auch schauen, was dir guttut. Erlaubst du dir, dich im Inneren zu verändern, wird das eine Resonanz im Außen finden.

Die sieben Hemmungen

Denkst du oft, du wärst egoistisch? Dein Ego wäre zu stark, das dürfte so nicht sein? Was hast du alles gelesen über das „Ego"? Wie oft hast du dich damit beschäftigt? Erinnere dich, du nährst das, wohin du deine Aufmerksamkeit wendest. Meinst du, du hättest schon immer ein Ego gehabt? Und nun denkst du, du wärst nicht gut, würdest alles falsch machen usw.? Und du suchst eine Erklärung und entwickelst sogar von dir selbst eine „schlechte" Meinung?

Lass all das los! Das, was ihr heute als Ego bezeichnet, gibt es in der Form nicht, wie ihr versucht, es darzustellen. Es gibt einen Wesenskern, der die verdichtete Energie der Seele trägt. Dieser Wesenskern wurde damals erschaffen, um eine festere Struktur herbeizuführen und sieht aus wie ein strahlender Diamant. Er ist genau so klar wie deine Seele, besteht nur einfach aus einer stabileren Struktur, um dir deine Körperlichkeit zu ermöglichen. Und dort findest du eine strahlende geometrische Form, die sich gerne hin und wieder mit fließenden Formen verbinden kann.

Dieser Wesenskern trägt deine Erinnerungen und Erfahrungen, und wenn du nun einmal schaust, warum du bestimmte Dinge nicht magst oder willst, so wirst du bei genauerem Hinsehen immer Angst finden. Und diese Angst hat auch einen Hintergrund, denn in deinem Ego sind deine Erfahrungen aus allen Inkarnationen gespeichert. Diese Erfahrungen lassen dich in den Augen anderer Menschen manchmal egoistisch erscheinen, und leider wird es als abwertendes Wort benutzt. Das Ego in dem Sinne, wie ihr es heute im Sprachgebrauch benutzt, gibt es nicht. Es gibt deinen Wesenskern, der alles enthält, wie eine Blaupause all deiner Leben, und der so lange noch nicht strahlt, wie Angst, Hemmung, Begrenzung, Bewertung, Zorn, Gier, Neid usw. dort eingelagert sind.

Das wollte Jesus Sananda euch mit den „sieben Todsünden" sagen. Schaut dorthin, wo ihr diese Dinge spürt. Sperrt sie nicht einfach fort, sondern fragt euch, wo sie ihre Ursache haben. Die Ursache sind die Erfahrungen, die ihr in all euren Inkarnationen gemacht habt und wo ihr immer weiter in die Dunkelheit gesunken sind.

Meine Partnerin mag das Wort „sieben Todsünden" nicht, und ich nehme das zum Anlass, ein anderes Wort dafür zu kreieren. Nennen wir sie doch ab jetzt die „sieben Hemmschwellen der Entwicklung" eures Lichtkörpers, der letzten Endes wieder strahlend hell und leicht sein wird, wenn all diese gemachten Erfahrungen geheilt und losgelassen worden sind.

Diese Lehre wurde euch damals gegeben, als Weg zum Wachstum und Aufstieg; achtet ihr auf diese Punkte in eurem Inneren und prüft euch tagtäglich immer wieder, ob eine dieser Hemmschwellen euch zurzeit dominiert, dann schaut hin und setzt euch damit auseinander, was sich da in euch bemerkbar macht. Klärt diese Themen und erlaubt ihnen zu heilen, dann habt ihr einen Schritt zu dem klaren Diamanten eures „Ich-Bewusstseins" gemacht.

Stell dir eine Leiter mit sieben Stufen vor; jede dieser Stufen ist eine der Hemmschwellen, denn wären die Hemmschwellen nicht da, könntest du auch ohne das Hilfsmittel einer Leiter hinaufsteigen, wohin immer du willst.

Schau einmal, welcher Sprosse du welchen Namen geben willst. Du hast sieben zur Verfügung: Gier, Stolz, Neid, Trägheit, Wut, Völlerei und Geiz.

Spüre einmal hinein, welche dich am meisten berührt und gib ihr gleich eine Sprosse deiner Leiter. Es fühlt sich für dich wahrscheinlich wie ein kleines Stechen an. Nimm es zur Kenntnis und schaue, wo es stattfindet und dann bemühe dich, die Erfahrung dahinter zu finden, denn diese sieben Hemmschwellen sind kein ursprünglicher Teil von dir.

Als du damals herkamst, kanntest du nichts davon, du warst reines Sein. Der glasklare Diamant in deinem Inneren entstand aus dir selbst heraus, als du dich entschieden hattest, zu bleiben und eine körperliche Struktur anzunehmen. Aber auch dieser glasklare Diamant enthielt nichts von all dem. All diese Hemmschwellen kamen erst später dazu, durch unendlich viele Erfahrungen von Enge und Leid, und die Transformation dieser Gefühle lässt dein Ego wieder zu dem werden, was es ist: Dein Lebensplan, deine Blaupause, in der alles enthalten ist, was du brauchst, um auf und mit Gaia zu sein und mit ihr zusammen zurückzukehren in die Schwingung, in der dein und auch ihr Zuhause ist.

Nimm dich einfach wahr und deine Gefühle zur Kenntnis; immer, wenn du eine innere Resonanz zu einer der Hemmschwellen spürst, mache dich auf die Suche nach ihrer Ursache, der festgehaltenen Erfahrung, die dazu geführt hat, dass du sozusagen einen Riss in diesem wunderschönen Diamanten bekommen hast. Und dann beginne, diesen Riss zu heilen mit all den wunderschönen Methoden, die dir und euch heute zur Verfügung stehen.

Denk nicht schlecht von dir und verurteile dich nicht; sieh dich in dem Licht, das du bist. Die Göttin verurteilt dich nicht, wir verurteilen dich auch nicht, warum also solltest du dich verurteilen? Nimm dich an, betrachte die gemachten Erfahrungen liebevoll und erlaube ihnen zu heilen. Komme immer mehr als das, was du bist, im Hier und Jetzt an. Ein großartiger und wunderbarer Teil der großen Göttin – verwirklichst du das Licht in dir, verwirklichst du das Licht im Universum.

Bitte uns alle um Hilfe, wenn du das Gefühl hast, mit einer dieser Hemmschwellen nicht umgehen zu können. Wir sind da und helfen dir gerne und voller Freude. Und vertraue darauf, dass immer die für dich richtige Kraft und Energie kommen, um dir beizustehen und dich zu begleiten in deinem Wachstum.

Beginnen wir gleich einmal mit der ersten Hemmung, der Gier. Jemand ist gierig, und alle sind entsetzt, warum dieser Mensch so gierig ist. Und da die Energie zu der Hemmung geführt wird, wird sie immer fester und härter. Irgendwann sagt diese Seele einfach nur noch in ihrer tiefen Verzweiflung, sie sei eben gierig. Schau nun nach dem Mangel. Was fehlt oder fehlte dieser Seele, warum ist sie gierig und wonach? Die Ursache von Gier ist Mangel. Diese Seele hat einen tiefen Mangel in einem Bereich erlebt, den sie nun ausgleichen möchte, und erst, wenn sie versteht, dass es Mangel in den Regeln des Göttlichen gar nicht gibt, kann sie aufhören, gierig zu sein.

Heute begegnet sie euch manchmal auch als spirituellen Gier, die einfach all die lange Zeit der Dunkelheit ausdrückt und Resultat eurer Sehnsucht nach dem Licht und der Liebe ist. Endlich könnt ihr es wieder spüren, wieder wahrnehmen und braucht Futter über Futter, bis der Punkt erreicht ist, an dem ihr alles aufgeholt habt, was euch fehlte. Dann hat die Gier keinen Nährboden mehr.

Wenn es dir so geht, dann hör auf, negativ oder wertend über dich zu denken. Verbinde dich einfach mit mir und meiner Liebe zu Gaia und lass dich vollkommen einhüllen von dieser Liebe. Sie ist groß genug für euch alle und für Gaia. Du nimmst niemandem etwas weg, wenn du davon viel und reichlich nimmst. Lass diese Liebe durch und aus dir herausfließen und erlaube dieser Liebe, dein Gefühl von Mangel aufzufüllen und zu heilen. Nutze sie für alles, was dir wichtig und wertvoll ist, und lass sie aus dir heraus erstrahlen.

Oder auch die Habgier. Manche Menschen wollen haben und haben und haben. Eigentlich wisst ihr oft nicht, was ihr alles haben wollt, und auch das kann aufhören, wenn ihr euch erinnert, dass es keinen Mangel gibt in der Schöpfung Gaias und euch wieder mit eurer allwissenden Seele verbindet.

Und dann schau auf den Stolz. Warum fällt der Stolz hier mit hinein? Gemeint ist der Stolz, dessen Hintergrund die Angst vor Versagen ist. Natürlich seid ihr auf dieses oder jenes stolz, das ist ein Stolz, der gepaart ist mit Freude und Jubel, und es ist ein wunderbarer Stolz. Bei den sieben Hemmungen ist der arrogante Stolz gemeint, hinter dem sich eine angstvolle Seele verbirgt, damit sie ihre Angst nicht anerkennen und zeigen muss. Erst wenn diese Seele wieder versteht, dass sie nicht bestraft wird, wenn nicht gleich alles klappt, und Vertrauen gewinnt, kann sie den Stolz, der die Hemmung ist, ablegen. Hintergrund des Stolzes ist das mangelnde Vertrauen.

Findest du das Vertrauen in das Leben und in dein Wissen und Sein wieder, kann der Stolz ganz von alleine gehen. Erinnere dich, du bist hier, in dieser wunderbaren Zeit, an diesem wunderbaren Ort, und vertraue deinem Sein, deiner Seele, dass du ganz bewusst genau hier und jetzt angekommen bist. Baue Vertrauen in dich und dein Sein auf und mache dir immer wieder bewusst, dass du dir vertrauen darfst. Bist du im Vertrauen, brauchst du nichts zu fürchten, denn du siehst und verstehst dein Leben im großen kosmischen Kontext und weißt, dass du einen Teil einer großen und machtvollen Energie darstellst und eine bestimmte Rolle und Aufgabe für dieses Leben übernommen hast.

Und es ist wieder eine wunderbare Sprosse geschafft auf der Leiter; stell dir eine wunderschöne Leiter vor. Eine Leiter, die dich mit Freude erfüllt, und gehe auch diesen Weg voller Freude. Mach dir einen Jubel aus diesem Weg auf deiner Leiter der sieben Hemmschwellen. Schmücke sie mit Blumen und lade die Kräfte des Lichts ein, dich auf deinem Weg zu begleiten und jede Sprosse mit dir zu feiern. Erlaube den Feen, Elfen und Kobolden, deine Leiter zu halten und bunt anzumalen, und bestimmt möchten sie gerne Kränze aus Blumen und Blüten auf deiner Leiter anbringen und mit dir deinen Weg voller Freude beschreiten und dabei sein. Erlaube es ihnen, und erlaube es dir, voller Jubel zu sein über all das, was du bereits gefunden hast, und über deine tiefe Verbundenheit zu dem Göttlichen und deinem Weg nach Hause ins Licht. Und wenn du stolz deine Leiter hinaufsteigst, dann ist das ein wunderbarer Stolz, voller Jubel und Freude, an dem alle gerne teilhaben möchten, und den alle gerne mit dir feiern. Dann hast du einen Stolz entwickelt, der dir sagt, dass du bei dir angekommen und bereit bist, für dich im Einklang zu sein mit Allem-was-ist. Diesen Stolz auf dich selbst feiern wir dann sehr gerne mit dir, wenn du magst.

Nun nehmen wir die nächste Hemmung und schauen sie an. Mach sie dir bewusst und prüfe, ob sie auch für dich ein Thema ist. Es ist der Neid. Oh, nun verwechsle bitte nichts. Tut es dir weh, dass dir so allerlei fehlt im Leben? Dass du das Gefühl hast, alles würde nicht reichen? Das ist kein Neid, das ist der dir antrainierte Mangel. Der Neid sagt, ich gönne dem anderen etwas nicht, weil ich es nicht habe. Der andere soll nicht haben, was ich nicht habe. Oder ich will haben, was der andere hat. Die sieben Hemmungen sind immer mit einer Außenwirkung zu verstehen. Erst dann, wenn der Schmerz über einen Verlust oder einen Mangel dich dazu bringt, es einem anderen Menschen oder Mitgeschöpf nicht zu gönnen, rede ich von Neid. Gehörst du zu den Menschen, denen es wehtut, dass andere Menschen und Geschöpfe hungern und leiden, dann hast du Mitgefühl und strebst nach Ausgleich. Dann bist du im Ausgleich. Und wenn du dann abgibst von dem, was du hast, bist du in Harmonie und brauchst auch den Neid anderer nicht zu fürchten. Neid entsteht immer nur dann, wenn du neidvoll schaust, was die anderen haben, und vergisst zu sehen, was du alles hast.

Bleib bei dir, schau dich um, vor deine Füße und deine Hände, und nimm ganz bewusst auf, was alles zu dir gehört, und sieh dann, ob du überhaupt in irgendeiner Form einen Mangel hast oder neidisch zu sein brauchst? Prüfe in dir das Gefühl und frage, wo es seinen Entstehungsort hat. Kommt es wirklich von dir, oder hast du dich Menschen angepasst, die ständig in solchen Themen sind? Dann reinige dich, bitte die Kräfte des Lichts um Klärung und Reinigung und erlaube ihnen, alles von dir zu nehmen, was nicht du selbst bist.

Ist dir eigentlich bewusst, wie schnell und oft die Energien der verschiedenen Menschen und Geschöpfe sich miteinander verbinden oder vermischen? Hast du schon einmal darüber nachgedacht, in welchen Energiefeldern du dich bewegst, was du aufnimmst und wovon du denkst oder glaubst, das wärst du? Nein, du hast noch nicht darüber nachgedacht? Dann beginne jetzt damit.

Hier eine kleine Übung. Sie ist unkompliziert und immer und überall anwendbar.

Stell oder setz dich hin, visualisiere um dich herum eine weiße Lichtkugel, die dich vollkommen einhüllt und umgibt. Und nun lass einen Lichtkanal nach unten zu deinem Erdchakra und einen nach oben zu deinem Tempelchakra entstehen. Nun sieht deine Lichtkugel oval aus. Das ist richtig so. Und nun achte einmal darauf, wie du dich in dieser Lichtkugel fühlst. Reagiert eines deiner neun

Körperchakren, möchte sich da etwas lösen, weil es dort nicht hingehört?

Bitte die Engel an deinem Erdchakra und Tempelchakra, die Energien zu nehmen und zu transformieren, die nun gehen können und wollen. Es kann sein, dass sie für dich aussehen wie kleine graue Wolken oder wie Schemen und Schatten. Mach dir keine Gedanken darüber, wo sie hergekommen sind oder wann und wo sie sich mit dir verbunden haben. Lass sie einfach in Liebe und Frieden gehen und lasse los. Erinnere dich daran, dass du ein vollkommenes Geschöpf bist und aus dir heraus alles hast, was du brauchst, und für dich gesorgt ist.

Fülle dich in deiner weißen Lichtkugel mit Vertrauen und Liebe auf, denn beides wohnt in dir, und erlaube dem Vertrauen und der Liebe, sich auszudehnen und deine Lichtkugel zu erfüllen. Sag dir in Gedanken immer wieder: „Alles, was nicht ich ist, kann und darf jetzt in Liebe und Frieden gehen." Hast du das Gefühl, dass es dir schwerfällt oder manche Energien einfach stärker haften? Dann hilf mit deinem Atem nach; atme sie nach oben und unten heraus und löse dich vollkommen von ihnen. Und dann denke oder sprich den Satz: „Ich bin bei und in mir, all-eine in Liebe, Heilung und Frieden."

Deine Seele kennt die sieben Hemmungen nicht, es sind Themen deines Egos, und auf dem Weg zum kristallklaren Diamanten deines Egos ist es schön, wenn du diese Themen in dir prüfst.

In Gaias Schöpfung kommen und gehen die Dinge; schaust du dorthin, wo vieles bereits gegangen ist, können Mangel und Neid in dir entstehen. Schaust du dorthin, was alles entsteht und zu dir und in dein Leben kommt, kannst du dich der Fülle Gaias öffnen. Prüfe dich, ob du oft nach hinten schaust und klagst, was alles gegangen ist oder vorbei ist und hinter dir liegt. Dann komme an im Hier und Jetzt und sieh: All das, was du jetzt um dich herum hast, könnte nicht sein, wenn das Vergangene geblieben wäre. Gaia könnte nicht die sein, die sie heute ist, und auch du wärst nicht der Mensch, der du heute bist. Nimm dich an, jetzt, und ganz genau jetzt, als vollkommenes Geschöpf und vollkommene Seele und lass jedes Gefühl von Neid und Mangel gehen. Genau jetzt hast du alles, was richtig und wichtig für dich ist auf deiner Reise, auf deinem Weg. Hülle dich ein und fülle dich aus mit der Zufriedenheit des Seins, komm ganz bei dir an und schau auf das wunderbare Werk deines Körpers und all die wunderbaren Dinge um dich herum, und bestaune das Wunder, das du bist als Teil des Göttlichen in dieser Schöpfung. Ohne Gestern und Morgen, in diesem Moment. Es steht dir alles zur Verfügung, was du brauchst, um dich zu entwickeln und zu werden, wer du bist.

Du verkörperst einen Teil des Göttlichen, wie jedes Lebewesen auf Gaia, und alles zusammen ist die gesamte Verkörperung oder Materialisierung des göttlichen Ausdrucks. Kannst du das erfassen? Kannst du dir vorstellen, dass alle Körper, Geister und Seelen miteinander zu einem großen Feld verschmelzen? Gar nicht so einfach, oder? Und genau du als Teil des Göttlichen hast dein Leben so geplant, wie es ist, mit all den Erfahrungen, die du machst, und hast dir ausgesucht, welche Talente und Gaben du mitnimmst auf deine Reise.

Wenn du schaust, was andere Menschen haben oder können, kann es passieren, dass du vergisst, was du mitgebracht hast und so nicht dazu kommst, deine Gaben und Talente einzubringen. Und dann vergisst du die Abmachungen, die du mit all den anderen Seelen getroffen hast, was ihr eigentlich lernen und miteinander bewirken und erreichen wolltet. Bist du aber ganz du selbst, dann vertraust du dich der spirituellen Führung an, und erlaube uns, den Kräften des Lichts, dich zu führen und immer wieder zu erinnern. Über deine Träume, deine Intuition, über die Schulung einer klaren Wahrnehmung werden wir dich immer wieder an deinen Lebensplan und Auftrag erinnern. Wir sind immer bei dir, übe dich in Vertrauen und schärfe deine Sinne. Du hast deine Sinne nicht bekommen, um sie zu vernachlässigen oder auf Lärm und Gestank einzustellen. Deine Sinne helfen dir, dein Leben zu gestalten, wahrzunehmen, was nicht gut für dich ist, und dich zu trennen und zu lösen, wenn es dir richtig erscheint, dich zu trennen und zu lösen.

Nun sprechen wir weiter über die Hemmschwellen des menschlichen Seins. Die nächste ist die Trägheit. Was bedeutet „Trägheit"? Hast du schon einmal darüber nachgedacht? Trägheit bedeutet Faulheit und Bequemlichkeit, und oft steckt hinter der Trägheit, der Faulheit und der Bequemlichkeit die Angst vor Verantwortung. Wenn du nichts tust, brauchst du auch für nichts die Verantwortung zu übernehmen, oder? Aber was ist das eigentlich, die „Verantwortung"? Ein mit vielen schrecklichen Dingen belastetes Wort und ein Konstrukt. Meistens führt der Weg der Verantwortung in Bereiche, wo es keinen Spaß, keine Freude, keinen Jubel und kein Lachen mehr gibt. Tust du Dinge, weil du meinst, du bist dafür verantwortlich? Meinst du wirklich, du bist verantwortlich für alles, was auf Gaia geschieht? Oder dafür, dass dein Nachbar krank ist? Dafür kannst du als Einzelne/r nicht verantwortlich sein.

Tue dort Gutes, wo du bist, dann hast du wohlgetan!

Ein wunderbarer Satz, denn wenn ihr alle das tut, steigt die Energie auf Gaia – und dafür kannst du dich durchaus verantwortlich fühlen. Du liest im Moment dieses Buch, und das zeigt deutlich, dass du deinen Teil übernommen hast. Dass du eine Lichtbringerin/ein Lichtbringer bist und dir bereits darüber Gedanken gemacht hast, was du tun kannst und wieweit deine Möglichkeiten reichen und gehen. Und nun vergiss die Trägheit, denn wenn du jetzt gemütlich sitzt oder liegst und dieses Buch liest, hebst du bereits die Energien auf Gaia an. Denn du erlaubst mir, mit dir in Kontakt zu treten, und somit verbindest du dich mit der großen Liebe, die Gaia und mich verbindet. Was soll oder kann ich dir da noch über Trägheit sagen? Ich kann dir sagen, dass sie in deinem Leben nicht stattfindet, denn du hast dich bereits entschieden und einen Bewusstseinsgrad erreicht, wo es keine Trägheit mehr gibt.

Du hast dich bereits mit der allumfassenden Liebe verbunden, und somit ist auch „Verantwortung" für dich nicht mehr das Thema, denn du handelst bei allem, was du tust, aus dieser Liebe heraus. Zweifelst du oft an dir? Dann lass bitte endlich diese Zweifel los und erlaube mir, dich in diese Liebe zu hüllen. Du kannst aus der Liebe heraus nichts tun, was etwas anderes sät als Liebe. Und in dieser Liebe, in der du schon lange lebst, kannst du nicht mehr träge sein, denn dein Denken und Handeln haben bereits einen Bewusstseinsgrad erreicht, der Trägheit nicht mehr zulässt. Und wenn dich manches Mal das Gefühl beschleicht, du würdest nicht genug tun oder könntest nicht genug tun, dann mach dir bewusst, dass das gar nicht möglich ist. Denn du tust ständig etwas, durch dein ganzes Sein! Du hebst die Energien auf Gaia an, trägst durch dein ganzes Sein ständig dazu bei, dass die Liebe sich auf und durch Gaia manifestiert und sich weiter und weiter ausbreitet; dass die Farben beginnen zu strahlen, und alles beginnt zu lachen und zu jubeln – und das durch dein Sein! Du selbst bist es, bist gekommen, um genau das zu tun – und egal, was sonst in deinem Leben geschieht, es kann nicht abgestellt werden. Denn du kannst nicht abstellen, was du bist. Alles, was dagegen arbeitet, ist nicht deins und gehört nicht zu deinem eigenen, ursprünglichen Sein.

Spüre die tiefe und unendliche Liebe in dir, die deine Seele ist, und erlaube ihr, sich auszubreiten und dich auszufüllen und einzuhüllen. Und dann sei, geliebte Lichtbringerin, geliebter Lichtbringer! Du brauchst auch kein Lichtarbeiter zu sein, denn das hat nichts mit Arbeit zu tun. Es ist dein reines Sein, deine ganze Existenz des Seins. So bist du angekommen, und nichts anderes brauchst du zu sein.

Sei empfänglich, du Lichtbringer/in, sei empfänglich für die große Liebe zwischen mir, Maha Cohan, und Gaia, und lass diese Liebe aus dir erstrahlen. Diese Liebe transformiert dein ganzes Sein, dein Ego, und lässt es klarer und klarer werden. Immer sicherer wirst du wissen und erkennen, was dein Weg ist und wo deine Füße dich hintragen, denn du folgst dieser unendlichen Liebe. Mit jedem deiner Schritte manifestierst du diese Liebe auf Gaia, und so kannst du nicht in der Trägheit sein. Träge sein bedeutet, sich zu verweigern für das Göttliche, für die Liebe und die Schöpferinnenkraft. In der Trägheit zu sein bedeutet, sich zu weigern, sich aus dem Ego heraus dem Göttlichen zu öffnen und den eigenen Auftrag anzunehmen.

Du bist inkarniert als Lichtbringer/in, du kannst nichts anderes sein. Der Fall würde bedeuten, du verstrickst dich vollständig in dein niedrigstes Ego und vergisst, dein Ego in einen klaren Diamanten zu transformieren. Wir alle sind hier und um dich herum, um dich zu erinnern: Rufe uns, rufe nach den Kräften des Lichts, wenn du das Gefühl hast, Hilfe zu brauchen. Du wirst sofort spüren, dass wir um dich herum sind.

Nun komme ich zu dem Thema der Wut. Was ist Wut? Wie fühlt Wut sich für dich an, wo in deinem Sein nimmst du sie wahr? Achte einmal darauf. Die Wut, die ihre Ursache in der Hilflosigkeit hat, kommt tief aus deinem Bauch. Deine Erlebnisse der Hilflosigkeit und des Im-Stich-gelassen-Werdens sind gespeichert in deinem Körper, in deinen Chakren. Achte einmal darauf. Was macht dich wütend? Wann fängt es in deinem Körperselbst an zu brodeln? Oder ist es dein alltägliches Selbst, das da reagiert? Dann ist es ein antrainiertes Thema, etwas, von dem dir gesagt wurde, es sei nicht richtig so. Dann reagierst du formal, ohne emotionale Beteiligung. Dann hast du selbst nichts damit zu tun, sondern reagierst lediglich auf eine antrainierte Struktur. Deine Emotionen wohnen in deinem Körperselbst und auch all deine alten Erfahrungen.

Und nun, was hat das nun mit den Hemmschwellen zu tun, wirst du dich fragen. Es ist vollkommen richtig, wütend zu werden, wenn du ungerecht behandelt wirst. Es ist vollkommen richtig, wütend zu sein, wenn du für dich eintreten darfst. Gemeint ist mit der Hemmschwelle die Wut, die dich blind macht für dein Gegenüber. Die so heftig ist, dass du nicht mehr wahrnimmst, was du tust.

Diese Wut ist gefährlich, und sie verstrickt dich, denn sie vergiftet dein Denken. Auch solltest du nicht wütend sein für andere; erlaube ihnen, sich selbst zu entwickeln in ihrer Zeit und in ihrem Rahmen. Nimm ihnen die Verantwortung für ihr Leben nicht ab, sondern bleibe bei dir.

Die Wut, die aus deinem Körperselbst aufsteigt, kann dir helfen zu erkennen, wo du noch nicht in der Liebe bist, wo du dich hilflos und verlassen gefühlt hast. Lass die Liebe in das Chakra strömen, das sich gemeldet hat und eng wird vor Wut, und erlaube der unendlichen göttlichen Liebe, sich dort auszudehnen und alle alten Verletzungen zu heilen, alle alten Gefühle von Hilflosigkeit fortzuspülen und auch deinem Körperselbst zu versichern und zu erspüren, dass du in der Liebe bist und alles verzeihen kannst.

Wer auch immer dir das Gefühl von Hilflosigkeit zugefügt hat, hat es nicht in der Absicht getan, dass du dich hilflos fühlst. Für das, was du fühlst, bist ganz alleine du verantwortlich. Es ist Ausdruck deines Seins, deiner Lebendigkeit. Und es ist deine freie Entscheidung, die Gefühle der Wut und der Hilflosigkeit in Liebe und Heilung zu verwandeln.

Diese Liebe wird auch alle anderen Menschen erreichen, die mit dir in der Wut und der Hilflosigkeit verbunden sind, und auch sie heilen. Und so hebst du wieder die Energien an, lässt Altes gehen und manifestierst die neue Energie. Mach dir bewusst, dass du nicht alles unter Kontrolle hast oder haben kannst. Überfordere dich nicht mit dieser Vorstellung, denn sonst wirst du gleich wieder wütend, dass du es nicht schaffst. Schau dich um, mach dir die unendliche Vielfalt bewusst und lass das Bedürfnis nach Kontrolle los. Bleib in der Liebe und in deiner Sehnsucht nach Heilung.

Du brauchst die Wut nicht, denn mit der Wut bei den Hemmschwellen ist immer die negative Wut gemeint, die Schaden anrichtet und Schmerz verursacht. Bist du eine Kriegerin des Lichts und trittst für das Licht ein, bekommst du Energien dazu, die aus deinem spirituellen Selbst stammen. Das ist ein ganzheitlicher Prozess, und du kannst dann auch deutlich deine Anbindung und die einfließenden Energien spüren. Das hat nichts mit Wut zu tun, das hat mit Handeln zu tun und für etwas einzutreten, was im Sinne der Kräfte des Lichts ist.

Diesen energetischen Zuwachs spürst du in deinem ganzen Sein, und manches Mal staunst du hinterher, dass du schadlos durch eine Situation gekommen bist, ohne den geringsten Kratzer, mit genau dem Resultat, das erreicht werden sollte. Dann sage einfach „Danke" und erfreue dich an deiner spirituellen Verbundenheit. Diese Verbundenheit zeigt, dass dein spirituelles Selbst harmonisch und leicht mit dir verbunden ist und den Kontakt zu den Kräften des Lichts halten kann. Es ist ein Zeichen dafür, dass du auf einem guten Weg, auf deinem guten Weg bist.

Spürst du viel Wut in dir, viel alte Wut? Dann setz dich einen Moment ganz ruhig hin, atme tief ein und aus und versenke die Energien bis hinunter in dein Erdchakra. Fülle deinen Atem mit all der Liebe auf, die um dich herum ist. Sei gewiss, das ist unendlich, denn bereits deine Absicht, diese Liebe einzuatmen, verbindet dich mit der Liebe. Lass diese Liebe bis hinunter in dein Erdchakra fließen und erlaube ihr, alle alte und neue Wut einzuhüllen und zu transformieren. Dein Atem wird all diese Wut mit sich nehmen. Sie wird sich in all der Liebe auflösen in Freude, Licht und Lachen.

Schaust du auf dein vergangenes Leben zurück, wirst du manches Mal noch gebundene Wut in einer alten Matrix finden. Damit meine ich eine Matrix, in der du eine Zeit lang gelebt hast.

Lass auch diese Wut kommen und heilen, denn es leben jetzt andere Menschen in dieser Matrix, und es wäre bestimmt nicht in deinem Sinn, wenn diese unter den dort gebundenen Energien leiden würden.

Damit du leichter verstehst, was ich meine, gebe ich dir hier ein Beispiel:

Du bist in einer Familie aufgewachsen, in der du Emotionen nicht leben durftest, und wurdest in die Familienmatrix eingebunden. Nun ist eine lange Zeit vergangen, du schaust zurück, und dein körperliches Selbst reagiert. Irgendwo steigt die Emotion der Wut auf, die sich auf diese Situationen bezieht.

Sendest du jetzt diesen Situationen Heilung und Harmonie, kann die Wut aus der dort entstandenen Matrix gehen, und der Ort, der mit dieser Matrix verbunden ist, kann freudvoller und leichter werden.

Und du löst dich aus der Verstrickung mit der Matrix an diesem Ort und mit den dort lebenden Menschen und Tieren.

So kannst du dich hinsetzen und gerne einmal aufschreiben, an welchen Orten du bereits gelebt hast. Und dann sende all diesen Orten kosmische Energie und liebevolle Transformation; lass einen Strahl Heilenergien in allen Farben auf und in diesen Ort, in Situationen und zu den Beteiligten fließen. Mach das so lange, wie es sich für dich richtig anfühlt.

So heilst du Matrix für Matrix, löst sie auf und bringst sie in Harmonie mit Gaia und deinem Sein auf und in Gaia.

Tue das, sooft du magst und wo auch immer du bist.

Ist es nicht wunderbar, wie leicht das alles geht? Ist es nicht wunderbar, wie schön die Verbindung zwischen dir und mir ist, während du das hier schreibst (ich meine meine Partnerin), und auch mit dir, während du das hier liest? So weit ist die Energie schon angestiegen, so weit stehst du bereits im Licht und in der strahlenden Energie der unendlichen Liebe der Göttin und des Gottes. Ja, die

Göttin und ihr über alles geliebter Gott, der auch seine Göttin über alles liebt. Das Ziel der Neuen Zeit, der neuen Energie. Welch ein Abschnitt in der Entwicklung der Menschheit, welch ein Ziel, das ihr erreichen dürft, und welch eine wunderbare Zeit, in der du inkarniert bist als Lichtbringerin, als Lichtbringer.

Keinen bösen und knechtenden Gott mehr, der seine Göttin erniedrigt und demütigt. Und keine Göttin mehr, die ihren Gott verlacht und verhöhnt. Liebe, Achtung, Verbundenheit zwischen Göttin und Gott – endlich. Gemeinsam, Hand in Hand. Niemand braucht dominieren, denn alles ist verbunden und eins. Kein Gott braucht eine empfängliche Göttin, denn er ist verbunden mit seinem spirituellen Selbst und ist selbst empfänglich.

Keine Göttin, die einen Gott braucht, um als empfänglich anerkannt zu werden. Sie ist verbunden mit ihrem spirituellen Selbst und weiß, dass sie empfängt – von ihrer Göttin. Beide können empfangen und weitergeben zum Wohl der ganzen Schöpfung; beide sind mit ihren spirituellen Selbsten verbunden und lassen die Energien der Göttin, des Gottes, durch sie fließen und sind voller Vertrauen und Liebe in dieser Schöpfung, die göttlich ist. Wie willst du eine Göttin, einen Gott suchen, in der/dem du bist? Was suchst du, was du nicht schon hast? Komm an bei dir, Lichtbringerin, Lichtbringer, und empfange die unendliche Liebe des Seins, der Schöpfung.

Sie oder er hüllt dich ein, wirkt durch dich und durchflutet dein ganzes Sein. Werde der strahlende klare Diamant, der deinen Lebensplan enthält, und sei, wer du bist. Ein Ausdruck der Göttin, des Gottes, in der lebendigen Schöpfung.

Hast du Sorge oder Angst, dich vollkommen einzulassen? Hast du Angst vor der Hemmung der Völlerei? Meinst du, du nimmst dir zu viel, wenn du dich vollkommen einlässt? Sei gewiss, wenn du in der Liebe bleibst, kannst du dir gar nicht zu viel nehmen, denn sie wird dich führen. Sie wird ganz von allein dafür sorgen, dass genug für alle da ist und immer alles nachkommt und fließt, was du brauchst. Völlerei, was ist Völlerei?

Voll und noch mehr, das ist Völlerei. Es ist schon voll, alles ist schon da, und trotzdem ist es noch nicht genug. Das ist Völlerei. Da schließt sich der Kreis zur Gier. Schau dir einmal den Vogel an, der draußen lebt. Er fliegt los, weil sein Magen sagt, dass er Hunger hat und Nahrung braucht. Er nimmt so viel, wie er braucht, nicht mehr und nicht weniger. Und er sorgt auch für die, die ihm anvertraut sind. Das macht er ganz von alleine, denn er ist in der Liebe.

Denk daran, tue dort Gutes, wo du bist! Ganz von selbst wirst du für dich und für die, die dir anvertraut sind, sorgen. Denkst du, du gibst zu wenig, wenn du nicht für alle Menschen, Tiere usw. etwas tust? Warum bürdest du dir alles auf? Sorge gut für dich und die, die dir anvertraut sind, und du wirst niemals in der Völlerei sein. Völlerei bedeutet, immer mehr zu nehmen und haben zu wollen, als du brauchen kannst, bei allen Dingen, die die Schöpfung für dich bereithält.

Gibt es eine Leere in dir, einen Bereich, der Angst hat, nicht ausreichend genährt und versorgt zu werden? Brauchst du deswegen immer mehr, um diesen Bereich zu füllen? Fülle diesen Bereich und jeden Bereich deines lebendigen Seins mit Frieden und Liebe, und du wirst keine Völlerei mehr brauchen, denn du weißt und spürst bis in die tiefsten Tiefen deines Seins, dass für dich gesorgt ist. Trägst du Frieden und Liebe in dir, gibt es keine Leere mehr, und du weißt doch: wie innen, so außen. Wo keine Leere ist, ist Fülle, und wo ausreichend Fülle ist, ist keine Völlerei mehr nötig.

Was brauchst du an Nahrungsmitteln, an Geld, an Kleidung? Vergiss dabei nicht die Freude; es ist wunderbar, wenn du Freude an Nahrungsmitteln, Geld und Kleidung hast. Bringt es dir Freude, diese Dinge zu besitzen, dann ist es richtig, dass sie bei dir sind. Trockene Rationalität im Umgang mit den Geschenken der Schöpfung bringt genau das in die Schöpfung: Schau dich um, mit welcher Freude und Strahlkraft die Schöpfung immer wieder erblüht und erfülle auch dich mit dieser Freude und Strahlkraft. So wirst du ein wunderbares Maß finden dafür, wie viel du wovon brauchst, und eine große innere Zufriedenheit wird dich erfüllen.

Wenn du das fühlst, ist alles richtig. Lass alle strengen Bewertungen und jede Enge los, die vielleicht noch in deinem Körperselbst und deinem alltäglichen Selbst sind. Achte auf die Signale deines spirituellen Selbst, es wird dir ein wohliges und harmonisches Gefühl der Zufriedenheit senden, wenn alles im richtigen Maß ist. Und dann ist es für dich richtig – und nur das ist wichtig. Tut es dir gut, viel Musik um dich zu haben? Genießt du es, einen vollen Kühlschrank zu haben und jederzeit Gäste bewirten zu können? Liebst du es, in deine Schubladen zu schauen und dort schönen Schmuck zu haben? Dann bist du jedes Mal in der Freude, und alle dürfen und können sich mit dir freuen. Diese Freude strahlst du aus, und sie wirkt weiter. Und dann ist alles so richtig. Sorge dich also nicht und lass das Thema der Völlerei und der Verschwendung los.

Halte nicht fest, was nicht mehr zu dir gehört und lass das in dein Sein, was dir guttut. Und so brauchst du keine starre Matrix und bleibst im Fluss des Lebens.

Du hast es schon lange bemeistert. Erfreue dich daran und freue dich darüber, dass du nun schon die vorletzte Sprosse dieser Jubelleiter betreten hast und nur noch eine Sprosse vor dir liegt.

Und nun kommt die letzte Sprosse, und die heißt Geiz. Was ist Geiz, was ist geizig im menschlich-kosmischen Verständnis und Gefüge?

Geiz hat damit zu tun, alles festhalten zu wollen und nie genug zu haben. Geiz bedeutet, nichts geben oder abgeben zu wollen. Geiz bedeutet, alles im Überfluss zu haben und zuzuschauen, wie ein anderer verhungert. Geiz bedeutet, eng zu sein und in dem Ego in niedrigster Form zu leben. Das ganze Leben, die ganze Existenz hat sich auf dieses klitzekleine Ego beschränkt.

Das Leben ist eng und beschränkt, nichts fließt mehr und kein Lachen ist mehr zu hören. Festhalten wollen und geizig sein bedeutet, vollkommen aus dem Fluss des Lebens gegangen zu sein, sich hinter dicken Mauern zu verkriechen aus Angst vor dem Fluss und der Veränderung des Lebendig-Seins.

Es ist eine vollkommene Illusion, denn Leben ist Veränderung, und selbst wenn ein Mensch sich vollkommen hinter diesem Geiz versteckt, unterliegt er doch der Veränderung. Allein seine Körperzellen verändern sich täglich, und der Fluss des Lebens und der Zeit findet weiterhin statt. Dieser Mensch denkt nur, er sei aus diesem Fluss herausgekommen und hat sich selbst eingemauert. Ein ganz trauriger Zustand der Unfreiheit in sich selbst. Das ganze Sein wird zu einem Gefängnis, das Leben beschränkt sich auf das alltägliche Selbst. Es gibt kein Lachen mehr, keine Freude und keine Liebe.

Bei dem Geiz fehlt das Vertrauen in das spirituelle Selbst und die spirituelle Führung, und dieser Mensch erlaubt sich nicht, sich mit dem großen Ganzen zu verbinden. Er denkt, er könnte etwas verlieren. Bist du im Vertrauen in deine spirituelle Führung und in das Göttliche, kannst du unmöglich geizig sein. Im Vertrauen auf die Göttin, auf Gott, wirst du immer wissen und spüren, dass genug da ist und es diese Leere eigentlich gar nicht gibt.

Dieses Universum erlaubt keine Leere, es ist ein Universum der Fülle und der Freude, der Schöpferinnenkraft und der Kreativität. Hast du das verstanden und für dich angenommen, kannst du niemals geizig sein, weder mit deinen Talenten noch mit deinen Gaben. Dann kannst du freimütig geben und nehmen, so, wie es gerade wichtig ist und dich mit Freude erfüllt. Und auch hier kannst du es spüren: Erfüllt es dich mit Freude, etwas zu bekommen, dann ist es gut und richtig. Diese Freude spürst du in deinem gesamten Sein, in deiner gesamten Lebendigkeit.

Und diese Freude erfüllt dich auch, wenn du etwas gibst, und in dieser Freude bleibst du im Fluss des Lebens, und in dieser Freude kannst du niemals geizig sein im Sinne der Hemmschwellen. Und bist du nicht geizig, bist du auch nicht gierig –, und so schließt sich dieser Kreis der Hemmschwellen.

Du hast die letzte Sprosse deiner Jubelleiter erklommen, und nun feiere dein Sein, dein Leben im Hier und Jetzt.

Nun lass uns gemeinsam weiterschauen in diesem wunderbaren Prozess des Aufstiegs. Lass uns gemeinsam diese Schöpfung mit Frieden, Heilung, Weisheit und Liebe erfüllen. Lass uns wie damals, vor langer, langer Zeit in Lemuria, die Schöpfung mit Freude, Frieden und Heilung erfüllen im Einklang mit Gaia.

Um dir deine Wege zu erleichtern, mach dir immer wieder bewusst, dass es Grundkonzepte des Seins gibt und diese sich durch Einfachheit auszeichnen.

Eines dieser Konzepte ist der Umgang und die Bewusstwerdung der drei Selbste, das ich dir jetzt gerne vorstellen möchte.

Die drei Selbste

Immer wieder höre ich von dem niederen, dem mittleren und dem höheren Selbst.

Nach vielen Gesprächen mit meiner Partnerin komme ich zu dem Schluss, dass diese Bezeichnungen unzureichend sind und nur allzu leicht deiner Bewertung von Niedrig und Hoch der einzelnen Bezeichnungen, und somit dem Irrtum, anheim fallen.

Ich möchte dir gerne das „alltägliche Selbst", das „körperliche Selbst" und das „spirituelle Selbst" vorstellen.

Ich hoffe, dass du dich damit aus den Bewertungen von Niedrig und Hoch lösen kannst und es dir hilft, eine positive Beziehung zu allen dreien aufzubauen, um deine wunderbare Ganzheit leichter und freudvoller zu verstehen.

Es ist nicht im Sinne der Aufgestiegenen Meister/innen und auch nicht im Sinne der spirituellen Entwicklung, dass du dich in irgendeiner Form abwertest, und sei es „nur" über den allgemeinen Sprachgebrauch.

Die Bezeichnung „das alltägliche Selbst" steht dafür, was du im Alltag lebt, sagst und sendest. Du lebst dein alltägliches Selbst, wenn du zur Arbeit oder in eine Gesellschaft gehst und dort eine Rolle spielst oder eine Maske zeigst, hinter der du dein spirituelles Selbst verbirgst und tarnst.

Das alltägliche Selbst dient dir dabei, den Alltag mit all seinen Pflichten und Aufgaben zu bewältigen, die Regeln der Gesellschaft anzunehmen und zu erkennen, in der du aufgewachsen bist, und schnell zu erfassen, ob du dich durchsetzen oder anpassen solltest. Und das macht dein alltägliches Selbst, so lange du es für richtig und angebracht hältst.

Das alltägliche Selbst wird in der Kindheit intensiv entwickelt und bekommt seine Formen und Strukturen. Hast du als Kind gelernt, das Besteck in einer bestimmten Art zu halten, wird das alltägliche Selbst sich immer dann wohlfühlen, wenn es in den gewohnten und vertrauten Strukturen bleiben kann. Das alltägliche Selbst mag auch nicht gerne Veränderung und Wachstum und wird dir immer wieder signalisieren, dass alles am besten ist, wenn es ist, wie du es gewohnt bist.

Du kannst das alltägliche Selbst nach einer gewissen Zeit der Achtsamkeit und Meditation gut in deinem Körper lokalisieren und herausfinden, in welchem Chakra es am aktivsten ist und am intensivsten reagiert.

Möchtest du etwas verändern, bemühe dich um eine klare und bewusste Wahrnehmung des alltäglichen Selbst und/oder gönne dir die Einweihungen in die elf Meisterchakren und führe die dazugehörigen Übungen aus.

Suche nicht den Fehler, suche die Lösung. Beherzige

das bei aller spirituellen Arbeit und in all den Phasen deines Wachstums. Manches Mal ist es gut, nach der Ursache zu schauen, um dadurch die Lösung zu finden.

Hast du herausgefunden, was dich hindert, vollkommen in deiner Macht, deiner Selbstbestimmung und deinem spirituellen Selbst zu sein, dann suche nach der Lösung, deinem Sich-Lösen, deinem Loslassen.

Doch je weiter du fortgeschritten bist auf deinem Weg, desto weniger schaust du zurück. Und bist du stabil im Hier und Jetzt, dann nimm dich in deiner Ganzheit wahr und schau, wo deine Hemmung liegt. Nimm sie einfach zur Kenntnis; es ist nur für deine Ratio wichtig, wo sie ihre Wurzeln hat. Es reicht vollkommen aus, wenn du weißt, dass sie da ist. Und dann nimm diese Hemmung liebevoll in deine Arme, hülle sie ein in das Licht, das du bist, und erlaube ihr, sich zu transformieren und bei dir und für dich als liebevolle Kraft zu sein und zu wirken.

Das „körperliche Selbst" ist, wie der Name schon sagt, unmittelbar mit dem Körper verbunden. Es durchwebt jede Zelle deines Körpers und hat, zusammen mit dem spirituellen Selbst, deinen Körper erschaffen.

Es ist unmittelbar mit deinem Lebensplan verbunden, denn es hat die Informationen für alle Themen und Bereiche, die du dir in diesem Leben wünschst, in jede Zelle gewebt.

Das körperliche Selbst sorgt dafür, dass bei allem, was du erlebst, dein Körper reagiert. Du kennst das sehr genau, dass dir plötzlich übel wird bei bestimmten Dingen oder du herzhaft über etwas lachen kannst, das du gerade siehst.

Das körperliche Selbst bemüht sich laufend, dich an dich selbst und an deinen Lebensweg zu erinnern; es sendet dir Schmerzen oder Glücksgefühl, je nachdem, wie es die Situation erfordert.

Stell dir vor, wie dein Körperselbst zwischen deinem alltäglichen und deinem spirituellen Selbst lebt. Dein Körperselbst steht sozusagen „immer dazwischen"; du bist erzogen worden und hast gelernt, was du tun darfst und was nicht. Teilweise hast du bedrohliche Aussagen gehört, was alles geschehen wird, wenn du dich nicht danach richtest. All dieses hat dein alltägliches Selbst gespeichert und mit in dein Körperselbst gegeben.

Manche von diesen Dingen waren und sind für dich vollkommen klar, und das ist ein gutes Zeichen. Denn wenn die Information des alltäglichen Selbst mit der des spirituellen Selbst übereinstimmt, bist du in Harmonie und fühlst dich wohl – dein Körperselbst ist zufrieden.

Nun gibt es aber durchaus Informationen in deinem alltäglichen Selbst, die nicht oder nicht mehr passend und stimmig für deine Entwicklung sind, aber vor langer Zeit dort eingewebt wurden. Dein spirituelles Selbst schiebt und sagt Bescheid, dass es nun zum Beispiel Zeit ist, andere Wege zu gehen, aber dein alltägliches Selbst wehrt sich massiv dagegen und schickt dir alle möglichen Argumente, damit du dein Leben nicht veränderst.

Nun sitzt dein Körperselbst in der Zwickmühle. Von hinten schiebt sozusagen dein spirituelles Selbst, und vorne weigert sich das alltägliche Selbst mit aller Macht.

Und je nach dem Thema, um das es geht, reagiert dein Chakrensystem und meldet Enge, Weite, Schmerz, Angst, Jubel usw. Je nachdem, was gerade bei dir ausgelöst worden ist.

Da ihr auf Gaia in der Dualität zwischen Gut und Böse seid, entsteht Manifestation immer durch Reibung und Gegensätze. So drückt dein Körper aus, ob du dich oft zwischen verschiedenen „Fronten oder Stühlen" befindest, indem die Muskulatur sich verkrampft und hart wird und dir die Themen zuletzt bis in die Knochen gehen.

Denk daran, dass auch Gut und Böse immer den Wertungen der Allgemeinheit, der Gesellschaft, in der du lebst, und dir selbst entspringen.

Bist du frei von Wertungen, hast du die Dualität verlassen und ruhst in dir; du machst wieder Schritte und Entwicklungen auf deinem Weg, und so kann es sein, dass du irgendwann bemerkst, du bist wieder in einer Dualität angekommen. Bemühe dich um deine weitere Entwicklung, denn auch diese Dualität wirst du wieder verlassen, wenn du es willst. Nutze die Möglichkeiten zur Orientierung und bearbeite diese mit deinem spirituellen Selbst, bis du verstehst und auch diese Ebene für dich keine Dualität mehr darstellt.

Bist du im Fluss mit dem Leben, ist auch dein Körperselbst entspannt, und je mehr es dir gelingt, diesen entspannten Körper zu haben, desto feiner und klarer kannst du die Signale deines Körpers wahrnehmen und lokalisieren.

Kommt von vorne, also über dein alltägliches Selbst, eine Aufforderung oder Herausforderung auf dich zu, wird das Chakra reagieren, in dem Informationen zu dem Thema dieser Herausforderung gespeichert sind. Das alltägliche Selbst wird das vordere Chakra auf ein Minimum an Energie herunterfahren, um sich zu schützen und möglichst wenig Angriffsfläche zu bieten. Dein Körperselbst wird, je nach Stärke des Themas, auch beginnen zu reagieren, und du bekommst Schmerzen oder ein Druckgefühl oder Ähnliches. Erlaube dir dann, genau hinzuschauen und bitte dein spirituelles Selbst um Hilfe. Es kennt die Gründe dieser Reaktion und kann dir durch das rückwärtige Chakra Energien zufließen lassen, um dem Körperselbst und dem alltäglichen Selbst zu helfen.

Bitte die Engel, dir bei der energetischen Reinigung deiner Chakren zu helfen und die fest sitzenden Themen zu lösen, und erlaube den lichten Energien deines spirituellen Selbst, durch dein rückwärtiges Chakra bis in deine vordere Aura zu fließen.

Je mehr du diese auftretenden Themen klärst und transformierst, desto durchlässiger wirst du werden, was nicht unbedingt bedeutet, dass es dich belasten muss. Durchlässig zu sein bedeutet, keine Mauer mehr zu bilden. Viele Dinge können dann sozusagen einfach durchfließen, ohne sich in deinem Körper durch Widerstand zu manifestieren. Du nimmst sie zur Kenntnis und kannst sie gehen lassen. Sie finden keine Resonanz mehr in dir.

Jeder Widerstand deines Körpers hat auch etwas mit Erinnerungen zu tun, die in deinen Zellen gespeichert ist. Bist du als Kind immer in einer bestimmten Tonlage bestraft worden, wird dein Körperselbst dir sofort ein Signal schicken, wenn du diese Tonlage irgendwo wahrnimmst.

Du kannst nur er-kennen, was du kennst. Denk daran.

Bist du frei von Ängsten und Sorgen wirst du immer wieder erleben, dass andere Menschen dich darauf ansprechen. Sie suchen deine Reizschwelle und möchten herausfinden, wo deine eigene innere Grenze ist.

Menschen haben gelernt, dass das Herausfinden der inneren Grenzen anderer Menschen ihnen einen vermeintlichen Vorteil bringt, denn sie können bei Auseinandersetzungen genau dort ansetzen.

Achte auf diese Ansätze, denn diese Menschen helfen dir, deine inneren Grenzen zu erkennen und geben dir die Möglichkeit zu entscheiden, ob diese oder jene Grenze für dich noch notwendig ist.

Und wird eine Grenze berührt, die zu deinen tiefsten Überzeugungen gehört, dann steh zu dieser Grenze und erlaube nicht, dass sie zerfasert oder zerstört wird. Und stehst du vor einer ethischen Grenze, die auch in deinem spirituellen Selbst fest verankert ist, dann tritt für diese Grenze ein.

So lange Menschen davon ausgehen, gewinnen zu wollen und besser sein zu wollen als andere Menschen, werden sie sich aus diesem Muster nicht lösen. Erst der Weg zu Erkenntnis, innerem Frieden und Weisheit kann dich und euch aus diesen Mustern herauslösen und zu deinem und eurem Avatar-Bewusstsein führen.

Je mehr dein „spirituelles Selbst" in dein Leben integriert wird und deinen Körper und dein Leben liebevoll führt, desto durchlässiger wirst du werden, und desto klarer wirst du deinen Lebensweg erkennen und ihm folgen.

Manche Themen wirken für die Menschen im Außen ganz furchtbar und erschreckend, und das alltägliche

Selbst bekommt Angst und Sorge, dass ihm auch so etwas geschehen könne. Lass diese Sorge los, denn du hast einen ganz eigenen Lebensplan. Und selbst wenn manche Themen für das alltägliche Selbst so scheinen mögen, haben sie doch in deinem Leben einen ganz auf dich und für dich kreierten Charakter, denn sie dienen deinem Lernprozess.

Dein Verstand wird ständig damit beschäftigt sein, die Unterschiede herauszufinden und abzuwägen, was nun besser oder schlechter ist, und dein spirituelles Selbst wird manches Mal dafür sorgen, dass du vom vielen Denken Kopfschmerzen bekommst. Es ist egal, wie viel du darüber nachdenkst, du wirst den göttlichen Schöpfungsplan in seiner unendlichen Vielfalt nicht mit deinem Verstand erfassen können.

Dein spirituelles Selbst erreichst du im Loslassen, das kann die Meditation, der Schlaf, die schamanische Reise sein. Es gibt viele Methoden dafür, und sie alle sind wertvoll und gut.

Drogen aller Art sind keine Hilfe für das spirituelle Selbst, sie gaukeln lediglich dem alltäglichen Selbst etwas vor und bergen die Gefahren in sich, in den Astralwelten „hängenzubleiben". In der Traumarbeit wird das „Die Welt der anorganischen Wesen" genannt. Du bemerkst die Verbindung dadurch, dass du dort immer Gestalten triffst, die Personen ähneln, die du am meisten vermisst. Oder dir werden dort alle Dinge ohne Einsatz und eigenen Reifeprozess präsentiert, die du gerne hättest. Hast du die Vermutung, dort in Kontakt gekommen zu sein, bitte die Erzengel um Hilfe, sie werden dir umgehend weiterhelfen. Diese Ebene zeichnet sich auch durch eine gewisse Emotionslosigkeit aus; die Wesenheiten dort sind zwar sicht- aber nicht spürbar. Sie sind einfach nett, glatt und angepasst.

Strebst du nach den Kräften des Lichts und nach dem Göttlichen, wirst du immer starke Freude, Leidenschaft, Begeisterung usw. spüren. Auch wirst du bemerken, dass es eigene innere Widerstände gibt, die dein Körperselbst dir signalisiert. Hier stößt du oft auf die Leitsätze deines alltäglichen Selbst, die dir beigebracht worden sind. Das können sein: „Ich bin es nicht wert, ich bin nicht würdig, ich bin nicht gut genug", usw.

Du hast sicherlich schon viele leidvolle Erfahrungen mit diesen Sätzen gemacht, doch je mehr dein spirituelles Selbst Einzug in dein Leben hält, desto freudvoller und begeisterter wirst du sein.

Es fühlt sich meistens an, als käme ein Schub von hinten, der sich durch das rückwärtige Chakra arbeitet und oft im Bereich des vorderen Chakras auf Widerstand stößt. Dort wohnen die hinderlichen Grundsätze deines alltäglichen Selbst.

Die Verbindung zu deinem spirituellen Selbst wird mit der Zeit immer stärker werden, und so werden sich auch Themen aus alten Inkarnationen in deinem körperlichen Selbst bemerkbar machen.

Oft tragen die Zeitabläufe in einer Lebenszeit oder bestimmte Planetenenergien dazu bei, dass sich ganz überraschend ein Thema manifestiert und du Reaktionen zeigst, die du normalerweise von dir nicht kennst.

So kann es durchaus sein, dass du ein furchtloser Mensch bist und älter und älter wirst. Und dann erreichst du ein bestimmtes Alter, und ganz plötzlich hast du Angst. Das können Ängste aller Art sein, und dann ist es gut, wenn du hinschaust und dir bewusst machst, ob du diese Angst schon immer hattest, oder ob sie dir fremd ist.

Und ist diese Angst dir fremd, dann denke daran, dass du vielleicht in einem früheren Leben genau in dem Alter, in dem du jetzt bist, etwas Schreckliches oder Bedrohliches erlebt hast; denn sei dir gewiss, ihr habt unendlich viel erlebt. Immer und immer wieder seid ihr gegangen, bist du gegangen und wieder inkarniert, und dein Motiv war immer, dass du lernen und dich weiterentwickeln wolltest und eine unendlich tiefe Liebe zu Gaia und zu der ganzen Schöpfung hast.

Und diese tiefe Liebe teile ich mit dir, und wenn du das Gefühl hast, sie nicht mehr spüren zu können, dann bitte mich dazu und erlaube mir, dich mit dieser tiefen Liebe aufzufüllen und in sie einzuhüllen, bis sie alle deine Zellen durchströmt.

Mach deine Übungen und Meditationen und verbinde dich mit den Kräften des Lichts, vieles wird sich dann leicht und frei entwickeln. Und lass los, was du nicht mehr brauchst, und hast du das Gefühl, es alleine nicht bewältigen zu können, dann suche dir eine Hilfe für deinen spirituellen Weg.

Mit der Zeit wird das dich umgebende Energiefeld immer stärker und klarer werden, und viele Dinge werden dich nicht mehr so erreichen, wie du es vorher gewohnt warst, und du spürst den Anstieg deines Energielevels.

Du wirst so viel Licht ausstrahlen, dass es der Schöpfung dort besser geht, wo du bist. Einfach weil du bist, wer du bist.

Meditation zu den drei Selbsten
(Bewusstwerdung)

Entspanne dich und verbinde dich mit deinem Gitternetz aus Licht und Energie, lass all die Dreiecke entstehen, aus denen dein Gitternetz besteht. Lass es sich im wahrsten Sinne des Wortes entfalten.

Sei verbunden mit deinem Tempelchakra und deinem Erdchakra; du selbst bist das Wesen aus Licht, das dazwischen steht und sich anschickt, zur vollen Größe zu erwachen.

Lass aus deinem Erdchakra die liebevolle Energie der Erde, Gaias, deine Beine hinauffließen. Sanft und kraftvoll wie eine aufsteigende Quelle nimmst du sie wahr, und nun erreicht sie dein Wurzelchakra. Sie breitet sich aus und steigt weiter hinauf in dein Sakralchakra, um von dort aus ihren Weg in dein Nabelchakra zu finden. Mit liebevoller Kraft füllen sich deine Gitternetzverbindungen auf mit dieser wunderbaren Energie Gaias, und nun steigt die Liebe Gaias weiter hinauf in dein Solarplexuschakra und erfüllt über die Verbindungen des Gitternetzes deine Organe mit ihrer Energie, um dann ihren Weg in dein Herzchakra zu finden. Gaias Liebe fließt durch deinen gesamten Brustkorb und bringt Weite, Fülle und Grenzenlosigkeit in diesen Bereich, um dann über die Verbindungen des Gitternetzes dein Thymuschakra zu erreichen.

Sofort spürst du die liebevolle Kraft Gaias und die Ausweitung deines Thymuschakras; die Liebe strahlt in deine Schultern hinein, dehnt dich aus und fließt deine Arme hinunter. Weiter steigt die fließende Energie auf durch deinen Hals und erfüllt dein Halschakra, damit der Kehlkopf und der Nacken sich entspannen und weiten können.

Über das Gitternetz fließt Gaias Liebe weiter hinauf, und du spürst die Ausdehnung und Weitung in deinen Ohren und deinen Kiefergelenken, und nun erfüllt die kraftvolle Energie dein Drittes Auge. Sie fließt weiter über die Linien des Gitternetzes an die Außenseiten deines Oberkopfes und erfüllt nun dein Kronenchakra mit der Liebe Gaias.

Lass diese wunderbare Kraft nun weiter hinaufsteigen und lerne die Engel kennen, die das Gitternetz halten auf seiner Verbindung zum Tempelchakra. Begrüße sie wie Freunde, denn sie sind deine Freunde. Immer.

Nimm die Freude wahr, die sofort von ihnen auf dich wirkt, und nun erlaube der Liebe Gaias, hinaufzusprudeln bis in dein Tempelchakra.

Dort, in deinem Tempelchakra, findest du deine große kosmische Liebe zu der Schöpfung, die Gaia ist. Dort findest du dich in höchster Vollendung – ohne Schnörkel und ohne Kompromisse.

Verweile dort einen Moment.

Und nun lass diese große kosmische Liebe, deine Liebe zu Gaia, hinabfließen durch dein Gitternetz, durch deine Chakren, durch dein ganzes Sein. Hinunter bis in dein Erdchakra, tief im Herzen Gaias.

Nimm dich wahr als Geschöpf aus Licht und Liebe und als die/der, die/der du wirklich bist. Lass dieses Licht und diese Liebe aus dir herausstrahlen und wirken – und Heilung wird möglich.

Und nun, erfüllt von dieser unendlichen Liebe und aus dieser Perspektive, nimm dein alltägliches Selbst wahr. Schau es dir an und erspüre, wie es sich für dich anfühlt, was dir daran gefällt und was nicht.

Nimm einfach zur Kenntnis, was du siehst, und sende deinem alltäglichen Selbst deine Liebe und Dankbarkeit.

Und nun schau auf dein Körperselbst. Wie nimmst du es wahr? Was sendet dein Körperselbst? Freude, Trauer, Schmerz, Sehnsucht?

Nun bitte dein spirituelles Selbst zu dir, lade es ein, ganz und gar bei dir zu sein. Lade es ein, dein Körperselbst und dein alltägliches Selbst mit all der Liebe und Kraft zu erfüllen, sie zu heilen und zu führen, die für dein spirituelles Selbst ganz normal sind.

Es ist der Engel in dir, deine alte, lichtvolle Seele, das, was du bist – wirklich bist.

Und nun entscheide ganz still in dir, ob du bereit bist, dein spirituelles Selbst leben und wirken zu lassen. Und ob du bereit bist, dein alltägliches Selbst und dein Körperselbst heilen zu lassen durch dein spirituelles Selbst. Denn genau das wird es tun, wenn du bereit bist, es wirklich in deinem jetzigen Leben willkommen zu heißen.

Entscheide du, was du wirklich willst.

Du kannst diese kleine Übung jederzeit wiederholen und so oft machen, wie du magst.

Atme tief durch, bleibe in der Energie, mit der du nun erfüllt bist, und öffne deine Augen.

Durch die Verbindung zu deinem spirituellen Selbst wurden deine Wahrnehmung und dein Ausdruck mit der Zeit und mit zunehmender Intensität immer ganzheitlicher.

Die Differenzierung der einzelnen Sinnesorgane in ihren einzelnen Fähigkeiten verändert sich, denn die zunehmende Verknüpfung und ganzheitliche Aktivität der Sinnesorgane in Verbindung mit dem körperlichen Selbst wird immer umfangreicher.

Löse dich davon, dieses alles analysieren zu wollen, und erinnere dich: Die Wahrnehmungsfähigkeit der Seele ist eine ganzheitliche Wahrnehmung.

Deine vorhandenen Sinnesorgane für Sehen, Fühlen, Riechen, Schmecken und Hören sind über das Nervensystem mit deinem ganzen Sein verbunden, und das Nervensystem, zu dem auch das limbische System[*] gehört, durchzieht dein gesamtes körperliches Selbst.

Lebst du überwiegend verbunden mit deinem alltäglichen Selbst, kannst du immer leicht analysieren, wo welche Eindrücke wahrgenommen werden und welcher Bereich deines Körpers darauf reagiert beziehungsweise wie diese Informationen von außen durch dein Körperselbst transportiert und umgesetzt werden.

Wird die Verbindung zu deinem spirituellen Selbst intensiver, so werden die Verknüpfungen deines Nervensystems immer feiner und feiner, und es entwickelt sich die ganzheitliche Wahrnehmung.

Eine vollständige Verbindung zu deinem spirituellen Selbst lässt dich Störungen im Körperselbst immer leichter und schneller wahrnehmen und spüren, und so beginnst du, auch auf Eindrücke von außen ganzheitlicher zu reagieren.

---

[*] Limbisches System: Funktionseinheit des Gehirns, die der Verarbeitung von Emotionen und der Entstehung von Triebverhalten dient.

So kann es durchaus sein, dass du laute Geräusche hörst, und deine Ohren reagieren nicht. Stattdessen reagiert ein ganz anderer Bereich deines Körpers, und du bekommst ein unangenehmes Gefühl zum Beispiel in einem Bein.

Dann hat hier die Zellerinnerung eingesetzt, dass dieser Bereich einmal verletzt wurde in Verbindung mit lauten Geräuschen, und du kannst nun liebevoll mit dem Bereich deines Beines umgehen und dein körperliches Selbst bitten, dir zu zeigen, warum genau dort die Reaktion auftritt.

Je intensiver du mit deinem spirituellen Selbst verbunden bist, desto leichter wird es dir fallen, dir die dahinterstehenden Themen anzuschauen und sie gehenzulassen.

Dein körperliches Selbst wird dann diese Erinnerungen aus den Zellen löschen und die Information nicht mehr weitergeben an die „Tochterzellen". Der Schmerz in deinem Bein in Verbindung mit lauten Geräuschen kann somit aufhören.

Die Erinnerungen und energetischen Bindungen können dann auch von deinem spirituellen Selbst losgelassen werden, und es ist eine wunderbare Methode, wenn du dir die Hinweise anschaust, dem Erlebten und auch den daran beteiligten Menschen oder Tieren zu vergeben. Geh bei dieser Vorgehensweise nicht in die Wertung und in das Urteil, denn du würdest damit eine neue schmerzhafte Verbindung schaffen. Deine Heilung und deine spirituelle

Freiheit liegen in der Vergebung und in deinem Erkennen der Freude und des Lichts, die das Leben sind.

Achte darauf, dass auch Mitgefühl eine Wertung beinhalten kann, denn du gehst dann meistens davon aus, jemand anderes sei im Mangel. Ist es tatsächlich so, dann schau, ob du diesen Mangel ändern kannst. Wenn nicht, dann lass los, sende dem anderen oder der anderen Freude und Heilung und gehe weiter.

Ich meine hier die Menschen, die ständig in einem großen Bedauern leben; ich nenne es einfach mal „das große Bedauern", und hoffe, dass du verstehst, was ich damit sagen will.

Bedauerst du alles und alle, dann sendest du die Energie des Bedauerns und gehst vielleicht davon aus, dass es Energien des Mitgefühls sind.

Sende dann lieber Liebe und Freude, denn diese Energien können alles anheben, und du weißt ja, was du gibst, wird dir gegeben.

Dein Mitgefühl trägt dich auf deinem Weg zur allumfassenden Liebe, deren Grundlage die Klarheit und das Wissen sind. Um den Weg zur Weisheit zu gehen, ist Wissen erforderlich, bis du an den Punkt kommst, wo du weißt, dass du nichts weißt. Mitgefühl und die allumfassende Liebe sind dasselbe, beide werten nicht. Je mehr du weißt, und je mehr du Antworten suchst, desto eher wirst du erleben, dass Kreise sich schließen. Wenn du ihnen erlaubst, sich zu schließen.

Das ist ein erleuchteter Moment des Verstehens, der Ganzheit im Sein. Das ist ein göttlicher Moment.

Erlebst du solch einen Moment, dann genieße ihn, denn die nächsten Erfahrungen warten bereits auf dich, und auch die nächsten Kreise der großen Lebensspirale.

Dein Nervensystem und dein limbisches System sind die Bereiche deines Körpers, die am engsten mit deinem spirituellen Selbst verknüpft sind und über die dein spirituelles Selbst über den Körper erreichbar ist. Die Wiederanbindung deines spirituellen Selbst in dein jetziges Sein kann Reaktionen dieser körperlichen Systeme auslösen, bei denen du dir fachliche Hilfe suchen solltest.

So haben auch energetische Einweihungen eine ganzheitliche Wirkung auf das Lichtkörpersystem; die Energien des spirituellen Selbst sind reine Lichtenergien, die sich in den hohen Energien einer Einweihungsatmosphäre wohlfühlen und bereit sind, sich einzulassen.

Einweihungen sind nicht vergleichbar mit der so genannten Kopfarbeit, die du vielleicht gewohnt bist zu leisten. Du fütterst deinen Kopf mit Informationen und vielen Lernstoffen und bist dann hocherfreut, wenn du etwas verstanden oder erlernt hast. Das hat wenig mit deinem energetischen System zu tun und auch keine Auswirkung darauf. Energetische Anhebungen des gesamten Lichtkörpers geschehen durch Einweihungen. In derartigen Energien beginnen die Selbste, miteinander in Kontakt zu treten, denn bei Einweihungen reagiert auch das Erinnerungsvermögen des spirituellen Selbst. Je weiter du Einweihungswege gehst, desto intensiver werden die Verknüpfungen deiner drei Selbste werden. Einweihungen haben viel mit Vertrauen und Zulassen zu tun und damit, sich vollkommen einzulassen.

Auch bei Einweihungen ist es immer deine freie Entscheidung, inwieweit du die Energien annehmen kannst und willst.

Und so hast du die Möglichkeit zu prüfen, welches deiner Selbste vielleicht eine Ablehnung meldet und welches sich voller Freude auf die Einweihung einlässt.

Auch in einer spirituellen Einweihung kannst du dich selbst immer besser kennenlernen und immer mehr in Harmonie mit dir kommen. Diese Art, mit den Energien des Lichtkörpers verbunden zu sein, ist in keiner Weise vergleichbar mit der analytischen Vorgehensweise.

Einweihungen verstärken den ganzheitlichen Prozess des Wachsens, und so können sie auch Ängste des Körperselbst, sich ganz auf dieses Leben einzulassen, ans Licht des spirituellen Selbst bringen.

Denke an deine Selbstermächtigung, und dann stelle dich diesen Themen und erlaube deinem spirituellen Selbst, das Licht in dir und deinem Leben zu sein.

Ist das spirituelle Selbst in einer Distanz zu deinem körperlichen Selbst, kann sich alles in die Energiefelder setzen, die deinen Körper umgeben, und dort Raum nehmen. Dich beschleicht dann das Gefühl, eigentlich nicht mehr du selbst zu sein, und genau diesem Gefühl kannst du trauen.

Schau immer mal wieder, inwieweit dein alltägliches Selbst mit alten und übernommenen Mustern dein Leben bestimmt und bitte dann dein spirituelles Selbst in dein Leben und in die Verbindung zu deinem körperlichen Selbst, um mit Hilfe des Lichts, das du bist, alles aus deinem alltäglichen Selbst und deinem körperlichen Selbst zu heilen und zu reinigen, was nicht deinem höchsten und freudvollsten Wohl entspricht.

Gehst du zu einer Heilerin oder einem Heiler, dann wird diese/r vielleicht erst einmal vieles bereinigen müssen, bevor überhaupt die Heilung des körperlichen Selbst möglich wird.

Durch Seeelenverlust im Laufe deines Lebens kann das spirituelle Selbst geschwächt werden, und eine wunderbare Methode für die Stabilisierung und Stärkung deines spirituellen Selbst ist dann die Rückholung der verlorenen Seelenanteile.

Stück für Stück wird dein spirituelles Selbst dann heiler und strahlender werden und dir mit Freude und Leichtigkeit für dein Sein zur Verfügung stehen.

Verbindest du dich mehr und mehr mit deinem spirituellen Selbst, weil du verstanden hast, dass das Leben auf Gaia ein wunderbarer Ausdruck des lebendigen Seins des Göttlichen ist, wirst du feiner und feiner und strahlender und strahlender werden.

Immer mehr wird das Licht deines Seins dein körperliches Selbst durchströmen, und die Trennung deiner Sinnesorgane wird mehr und mehr verschwimmen.

Du beginnst dann, auf eine andere Art in Kontakt zu treten und zu kommunizieren und kannst von einem spirituellen Selbst zum anderen in Verbindung treten.

Diese Art der Verbindung ist ähnlich der, die ich hier gerade mit meiner Partnerin habe. Es ist eine ganzheitliche Verbindung.

Nimm die Verbindung einer Mutter zu ihrem Kind; das Kind ist in der ersten körperlichen Lebenszeit nicht in der Lage, verbal zu kommunizieren. Die Mutter nimmt ihr Kind ganzheitlich wahr, über ihr gesamtes körperliches Selbst. Und so wird sie aus dieser ganzheitlichen Wahrnehmung heraus die Bedürfnisse ihres Kindes erfassen und darauf reagieren.

Für den körperlichen Bereich gibt es in deiner jetzigen Dimension keine engere Verbindung als die Mutter-Kind-Verbindung, und sie findet im schönsten Fall über das körperliche Selbst in Verbindung mit dem spirituellen Selbst statt.

Die ganzheitliche Wahrnehmung ist in deiner Schöpfung etwas ganz Natürliches. Beobachte einmal alles um dich herum, schau dir die Kommunikation der Tiere untereinander an, und schau auch, wie Bäume miteinander und nebeneinander wachsen, sich miteinander verbinden oder sich in ihren Wachstumszyklen voneinander abwenden.

Denke daran, Gaia ist ein kontemplativer Planet, auf dem du dich selbst erfahren kannst in deinem Sein, und diese ganze wunderbare Schöpfung spricht zu und mit dir.

Lerne, sie über dein ganzheitliches Sein zu sehen und zu verstehen und tritt in Resonanz zu Gaia, und somit in meine unendliche Liebe zu Gaia.

Begrenzungen des alltäglichen Selbst

Nun hast du vieles gelesen über das Ego in Verbindung mit den Hemmschwellen und über die drei Selbste.

Und nun schlage mit mir zusammen die Brücke, gerne eine Regenbogenbrücke, zwischen dem Ego und dem alltäglichen Selbst. Und du wirst sehen, dass beide miteinander verwoben sind.

Beide unterliegen den Begrenzungen und Restriktiven der Themen, die dich in diesem Leben geprägt haben, und schaust du dir einmal deine Argumentation zum Beispiel in Verbindung mit spirituellen Erfahrungen an, wirst du bei genauem Hinhören feststellen, dass es nicht die Argumente deines spirituellen Selbst sind und auch nicht die Argumente deines Körperselbst. Du sagst etwas, was deinem alltäglichen Selbst entspringt, und es kann gut sein, dass du einfach etwas nachplapperst an Angst und Zweifel und Misstrauen, das jemand anderes dir als Spielregel oder Ordnung beigebracht hat. Prüfe eine Weile deine Antworten, Fragen und deine Reaktionen und komme so den festsitzenden Mustern deines alltäglichen Selbst auf die Spur.

Dein alltägliches Selbst, oder auch dein Ego, möchte nicht, dass du in dein spirituelles Selbst hineinwächst oder deinem spirituellen Selbst erlaubst, dein Leben, das ja wirklich dein Leben ist, zu gestalten.

Bekommst du mit der Zeit ein immer weiteres Bewusstsein für die großen Zusammenhänge, die über das Verständnis deines alltäglichen Selbst hinausgehen und dazu beitragen, dein spirituelles Selbst immer weiter zu verwirklichen, wird dein alltägliches Selbst gerne stören, denn es ist sterblich.

Es existiert nur in dieser einen Inkarnation, und das weiß es. Und es fürchtet sich vor allem, was darüber hinausgeht, denn es weiß, dass es daran nicht beteiligt sein wird. Und so kann es sein, dass dein alltägliches Selbst leidet und dir Schwierigkeiten in deiner spirituellen Selbstverwirklichung macht.

Setzt du dich mit dem Gedanken der Wiedergeburt auseinander oder mit deinen Leben in anderen Universen, wird dein alltägliches Selbst dir Zweifel und Misstrauen senden und alle Sätze und Gründsätze deiner Ahnen oder anderer Mitmenschen leise in deinen Kopf flüstern. Kannst du Energien sehen, Engel und Feen oder die Auren deiner Mitmenschen und Mitgeschöpfe, wird dein alltägliches Selbst dir einflüstern, dass du eine Brille brauchst, du es sowieso nicht kannst oder es sei nicht gut, so etwas zu sehen.

Denn dein alltägliches Selbst hat Angst; es ist verstrickt in Angst, Schuld und Fehler. Und alle diese Themen sind nicht real, sondern nur Konstrukte deines alltäglichen Selbst.

Du kannst deinem alltäglichen Selbst helfen, indem du es liebevoll in den Arm nimmst und ihm erklärst, was und warum du etwas tust. Denke daran, dein alltägliches Selbst boykottiert dich nicht, weil es dich nicht mag. Es boykottiert dich, weil es Angst hat, und Angst kannst du heilen mit Liebe.

So hat dein alltägliches Selbst oft auch die Vorstellung, es würde etwas verlieren, wenn es sich auf Mitgefühl einließe.

Mitgefühl bedeutet, mit-zu-fühlen. Zu fühlen bedeutet, sich einzulassen in deinem ganzen Sein. Wie gehst du mit Mitgefühl um, lebst du im Mitgefühl? Oder sind deine Gefühle getrennt von dem „Mit"? Mitgefühl zu haben bedeutet, alles „da draußen" außerhalb von dir zu sehen, zu spüren und mit-zu-fühlen.

Das ist nicht immer einfach, denn das Mit-Spüren kann ganz schnell zu einer Projektion werden, und dein Mit-Spüren kann dazu führen, dass du deine Gefühle auf dein Gegenüber projizierst.

Und schau einmal, wie weit dein Mitgefühl reicht. Hast du Mitgefühl für deine Vorgesetzten? Hast du Mitgefühl auch für die Menschen, die angeblich nach den Vorstellungen deines alltäglichen Selbst deine Widersacher sind? Kannst du mit ihnen fühlen, wie sie versuchen, ihren Bereich zu steuern und zu halten und wie viele von ihnen versuchen, auch dann gute Menschen zu sein und ihr Bestes zu geben, auch wenn es nach außen nicht so scheinen mag, für dich nicht so scheinen mag?

Hast du Mitgefühl mit denen, die vor dir waren und die nach dir kommen?

Finde deine eigenen inneren Grenzen, löse dich nicht auf in deinem Mitgefühl und lerne, ganz bewusst damit umzugehen.

Je intensiver du mit deinem spirituellen Selbst vertraut wirst und je mehr es dein ganzes Sein ausfüllt, desto mehr Mitgefühl wird aus dir strömen, und deine alten Bewertungen deines alltäglichen Selbst werden sich mehr und mehr auflösen. Und ich meine hier nicht das Mitgefühl, in dem du dich verlierst, ich meine das Mitgefühl, das dich löst aus den engen Bewertungen und Maßstäben und dir hilft, die allumfassende Liebe zu erkennen und zu sein.

Mach deinem alltäglichen Selbst eine Liebeserklärung, reflektiere zusammen mit deinen drei Selbsten dein bisheriges Leben und setze dich ganz bewusst mit allem Wunderbaren auseinander, was du erlebt hast. Ich bin sicher, dass du vieles finden wirst, woran du dich mit ihnen zusammen erfreuen kannst und magst, und dann würdige alle diese Erlebnisse.

Die beschränkenden Erfahrungen deines alltäglichen Selbst spürst du in deinem Körperselbst, in deinen Chakren und in deinen Zellen. Du spürst sie an deiner vorderen Seite, denn das alltägliche Selbst steht wie ein Schild vor dir. Das ist sicherlich manchmal auch angebracht, oder es tut dir einfach gut. Werte da nicht, warum etwas ist, wie es ist.

Lass die Stunden, Tage und Wochen der Freude und Leichtigkeit in diesem Leben noch einmal vor deinem inneren Auge ablaufen und beziehe dein alltägliches Selbst mit ein. Und danke deinem alltäglichen Selbst für all diese freudvollen Zeiten, danke den Menschen und Tieren, die zu dieser Entwicklung deines alltäglichen Selbst beigetragen haben, und danke dir für dein wunderbares Leben und für dein Hiersein.

Lass immer mehr und immer öfter dein spirituelles Selbst durch dein Körperselbst erstrahlen und das Licht der Seele, die du bist, auch in deinem Alltag sichtbar sein.

Danke den Engeln, den Meisterinnen und Meistern und all denen, die dich bis zu diesem Jetztpunkt begleitet haben, und beziehe bei alledem dein alltägliches Selbst mit ein. Streichele dein alltägliches Selbst, nimm es liebevoll an und erlaube ihm, seine schönsten und freudvollsten Seiten zu entfalten.

Erlaube dir im Ganzen eine liebevolle und sanfte Integration der drei Selbste und erfreue dich an dem Wunder, das du bist.

Die Menschheit als Ganzes hat in Verbindung mit Gaia eine Entwicklung durchlaufen und sich als Ganzes durch viele Phasen der Entwicklung gearbeitet. Sie hat ein Netz gewoben aus Licht durch das Eintreten für ethische Werte und die Bereitschaft eines Teils der Menschheit, sich selbst zu transformieren und sich wieder an ein erweitertes, an ein kosmisches Bewusstsein anzubinden. Sich selbst als kosmisches Wesen zu verstehen und zu erkennen, und als manifestierter Ausdruck der Weißen Schwestern- und Bruderschaft zu leben und zu wirken ist eine intensive Entwicklung und eine Herausforderung, die der tiefen inneren Sehnsucht und des Mitgefühls bedarf.

Und so beginnen nun die Lichtbringer oder Lichtarbeiter, nenne sie, wie du magst, ein erweitertes Netz aus Licht und Farbe über allem zu weben, was bereits da ist, und so die Energien Gaias und der Menschheit zu erhöhen.

Und erkenne dich an als Teil dieses Netzes, der Matrix, und erlaube mir und uns, hinter dir zu stehen, mit dir zu sein und in Einklang mit dir für Heilung, Frieden, Weisheit und Wohlstand einzutreten, durch und mit dir zu wirken für Alles-was-ist.

Die fünf Hüteengel *oder* Die fünf Strahlen

Die fünf großen Strahlen deines Universums, deines Sonnensystems, werden von fünf Hüteengeln gehalten beziehungsweise stellen die Energien dieser fünf Engel dar.

Ich möchte hier nun keine neue Strahlenlehre erschaffen, sondern ich möchte dich einfach hineinwachsen lassen in dein Sonnensystem, in dem du gerade bist.

All die Lehren von Strahlen, die es bis jetzt gibt, sind wunderbar und hilfreich zur Entwicklung eines größeren Bewusstseins, und so kann keine dieser Lehren das letzte Wort sprechen, denn alles ist Veränderung.

Ich nenne diese großen Kräfte einfach Hüteengel, denn unter deiner Vorstellung für den Begriff „Engel" ist wirklich alles zu finden. So fühlen sich manche Menschen zu kleinen, knuffigen Engeln hingezogen, und andere Menschen bevorzugen große, machtvolle Engel. Und all das sagt dir immer etwas über dich. Ich versuche, mich auf deine Sichtweisen einzustellen, und hoffe, dir die Möglichkeit zu geben, weiter in deine Mehrdimensionalität hineinzuwachsen.

Diese fünf Strahlen durchdringen das ganze Sonnensystem, in dem Gaia sich zusammen mit den anderen, dir sicherlich bekannten Planeten befindet. Es ist nicht wichtig, wenn dir die Planeten deines Sonnensystems, in dem du bist, nicht bekannt oder vertraut sind. Du brauchst nicht gleich wieder zu lernen, um hier weiterlesen zu können.

In der Sphäre beziehungsweise Aura Gaias werden die fünf Strahlen von fünf Erzengeln und ihren unzähligen Engeln der verschiedenen Dimensionen und Auraschichten Gaias gehalten, die du kennst.

Diese fünf Strahlen wirken auch auf die Venus ein oder auf den Saturn, und dort haben sie wiederum andere Engel, die sie halten und lenken. Ihre Stärken und Wirkungen werden von den jeweiligen Engeln gesteuert, und so sind die Schwingungen auf der Venus zum Beispiel anders als auf Gaia. Und wenn du nun mit deinen auf Gaia eingestellten physischen Sinnen versuchst, etwas auf der Venus zu erkennen, wirst du nur erkennen, was deine auf Gaia trainierten Sinne wahrnehmen. Du nennst das dann eine andere Dimension, und das ist richtig so.

Die fünf Hüteengel erscheinen dir sicherlich als wenig, aber sorge dich nicht. Es sind wirklich nur die fünf Strahlen im Zentrum eures Universums, von dort aus wird es dann sofort umfangreich und kompliziert. Und vielleicht gehörst du ja zu den Menschen, die es gerne kompliziert mögen? Dann kannst du dich ausgiebig mit der weiteren Aufteilung der fünf Strahlen in den verschiedenen Dimensionen Gaias und der verschiedenen Matrixen beschäftigen.

Ich möchte dir hier nur eine Verständnisebene geben, die dich an das große Ganze heranführt und dir vielleicht sogar hilft, auch dich selbst als Teil dieses großen Ganzen nicht als so klein wahrzunehmen.

Auf und für Gaia sind Gabriel, Michael, Raphael, Metatron und Chamuel die Hüter der Strahlen.

Das sind die Grundstrahlen, aus denen sich unendlich viele andere Strahlen ergeben. Metatron hat bei www.aiana.de bereits erklärt, dass es bei den Kräften des Lichts keine Hierarchie gibt, so, wie ihr eine Hierarchie versteht.

In dem Strahl Gabriels sind alle Gelbtöne enthalten, in dem Strahl Raphaels sind alle Grüntöne enthalten, in dem Strahl Michaels sind alle Blautöne enthalten, in dem Strahl Chamuels sind alle Rottöne enthalten, und in dem Strahl Metatrons sind alle weißen, goldfarbenen, silberfarbenen, metallfarbenen und perlmuttfarbenen Töne enthalten. Das betrifft den Bereich Gaias, denke daran, wenn du Kontakt zu den anderen Planeten deines Universums aufnehmen willst.

Unmittelbar nach dem ersten Einfließen in Gaias äußerste Auraschicht werden die verschiedenen Schwingungen wieder unterteilt in unendlich viele andere verschiedene Farb- und Tonschwingungen, und bereits zu jedem der Erzengel gehört eine weibliche beziehungsweise männliche Energie und ein weiterer Engel, mit dem gemeinsam die Dreiheit gebildet wird. Und kaum hast du diese Dreiheit erfasst, geht es auch schon weiter, und unendlich viele verschiedene Klang- und Farbschwingungen entstehen sozusagen wieder als Untergruppen. Und die Aufteilung und Vielfalt dessen, was aus diesen fünf elementaren Strahlen wird, die nicht den Regeln deiner derzeitigen Lebensdimension unterliegen, ist derart vielschichtig, dass du sie nach jeder Erweiterung deiner eigenen Wahrnehmungsfähigkeit und jeder kosmischen Veränderung wiederum anders wahrnehmen wirst.

Und dieser Veränderungen geschehen zurzeit viele, auf allen Ebenen. Gaia verändert sich, und ihre Lage verändert sich im kosmischen Gefüge, und du veränderst dich mit. Und ich würde mich freuen, wenn du dich an deinen Veränderungen erfreust und dein Wachstum in Liebe annehmen kannst.

Sicherlich ist dir die Bedeutung der Drei bewusst und bekannt, und sie weist darauf hin, dass nichts die festen Strukturen Gaias erreicht, was nicht bereits von dieser Dreiheit geformt, gebildet oder strukturiert wurde in einem großen Rahmen.

Die fünf Hüteengel deines Sonnensystems versorgen das gesamte Sonnensystem; zum Beginn der jeweiligen Sphäre eines Planeten deines Sonnensystems sind fünf andere Engel da, um die fünf Strahlen kompatibel zu den jeweiligen elementaren Verhältnissen des jeweiligen Planeten zu lenken. Stell dir einmal vor, zwei Millionen Menschen wollen in ein Gebäude. Dann stehen vorne am Eingang (letzter Atmosphärenring, von Gaia aus gesehen) fünf Menschen, um die zwei Millionen Menschen weiterzuleiten. Nun hat aber jeder der fünf Menschen (Engel) wiederum Helfer bei sich, die alles fließend und leicht sortieren. Und so ist es gar kein Problem, die zwei Millionen Menschen (die fünf Strahlen) jeweils dorthin zu leiten, wo sie am besten aufgehoben sind oder am dringendsten benötigt werden.

Jeder dieser Erzengel hat unendlich viele andere Engel bei und um sich, die daran beteiligt sind. Die Engel, die ihr als Erzengel bezeichnet, sind in der Lage, sich durch alle Dimensionen zu bewegen.

Sie sind nicht gebunden an die Dimensionen Gaias. Ihr habt Namen und Worte für sie gefunden, um es für euch erfassen zu können – und das ist gut so. Schau einmal, wie du dich entwickelt hast. Zuerst fielst du aus der Traumzeit, aus dem Unbewussten, aus dem Kosmos. Du begannst zu lernen und zu lernen. Und jedes Mal, wenn du etwas gelernt hattest, nahmst du das Erlernte in dich auf, hast es verarbeitet und sortiert, und es wurde für dich zu einer Selbstverständlichkeit. Und so geht es immer weiter.

Das Erlernte oder zurzeit Gültige gibt die Basis deines Seins, auf der du dich weiter entwickelst. So war es wichtig und richtig, für alle diese wunderbaren Engel Namen und Wertungen durch Worte zu haben – für eine Zeit. Es ist für dich wichtig als Seele, die Mensch wurde und ist. Denke immer daran, dass es nicht wichtig ist für die Engel, und auch nicht für die Meisterinnen und Meister. Und so versuche, deine Balance zu finden zwischen den Namen, den Zahlen und dem reinen Sein, das du wirklich bist.

Durch dein Lernen wurdest du immer mehr Mensch, und alles, was du lerntest, bildete dann die Basis deines Seins, von der aus du wieder weitergewandert bist im Rad der Zeit und des Seins.

Und nun versuche zu verstehen, dass bereits Gaia diverse Auraschichten hat, und vieles, was du als eine andere Dimension bezeichnest, zu Gaia gehört.

Erst wenn die letzte Auraschicht Gaias erreicht ist, kommst du in den Bereich der Hüteengel. Alles fließt ineinander, und alles ist miteinander verwoben.

Und so ist es wichtig für das ganze Universum, was auf Gaia geschieht. Und bist du bereit, die Liebe Gaias zum Universum und zu ihrer vollendeten Schöpfung durch dich fließen zu lassen, so bist du aus kosmischer Sicht ein strahlendes Licht aus fließenden, strahlenden Farben.

Gaias eigene Aura reicht weit um sie herum, entsprechend ihrer eigenen Form, und auf ihre letzte Auraschicht kommen die fünf Strahlen der großen Hüteengel (meine

Partnerin bezeichnete sie spontan als Rocky Mountains, um diese für Menschen unglaubliche Größe auszudrücken).

In Verbindung mit Gaias Energien nimmt dann jeder der Strahlen eine Farbe an, einen Ton beziehungsweise einen Schimmer. Und da beginnt dann sofort die Veränderung, Aufteilung – die Dimensionen.

Stell dir einen Trichter vor, der zusammen mit anderen Trichtern einen Kreis bildet. Alle diese Trichter werden von den weiteren Kreisen, die von der Mitte ausgehen, in Stücke unterteilt. Es entstehen viele einzelne Felder. So existieren die verschiedenen Dimensionen mit all ihren Lebensformen nebeneinander, untereinander, übereinander und durchdringen sich.

So stehen die Engel aller Art und die Meisterinnen und Meister, die Feen und die kleinen Freunde meistens direkt neben dir, hinter dir, vor dir. Es gibt keine Trennung, alles fließt ständig ineinander, miteinander, umeinander.

Und nun schau einmal, was dir zu der Zahl Fünf alles einfällt. Verbinde dich immer wieder mit der Zahl Fünf, und lerne sie kennen.

Keine der anderen Zahlenlehren ist falsch oder verkehrt oder nun hinfällig; denke nicht in Grenzen, denke kosmisch. Es sind die fünf Hüteengel deines Sonnensystems, des Sonnensystems, in dem du zurzeit inkarniert bist und diese wunderbaren Erfahrungen machst. Des Sonnensystems, zu dem noch unzählige Planeten und Kometen und so weiter gehören. Öffne dich für diese Größe und Weite und für die unendliche Schöpfer/innenkraft.

Alle Zahlen, die dir übermittelt wurden oder über die du liest und sprichst, sind ebenso wichtig – so lange, wie es eben noch so ist.

Seit unendlich langer Zeit seid ihr verbunden mit Zahlen und Namen – alles Möglichkeiten des Manifestierens. Stell dir einmal vor, es gäbe keine Zahlen oder Namen. Wie fühlt es sich für dich an, namen- und zahlenlos zu sein?

Und nun stell dir einmal vor, da sind zwei Gruppen von Kindern. Die eine Gruppe lernt: 2 x 3 = 6, die andere Gruppe lernt: 2 x 3 = 7.

Jede Gruppe wächst auf mit ihren Zahlen, ihren Namen, und irgendwann treffen sich diese beiden Gruppen. Was meinst du, was passiert dann?

Ich überlasse jetzt dir herauszufinden, was dann passiert, denn an dem, was du denkst, kannst du dich erkennen. Und du kannst beginnen, dich zu verändern, und du kannst weiterhin beginnen, neu zu erschaffen, indem du dein Denken anschaust und erkennst, was du ändern kannst und vielleicht sogar solltest.

Die Zahlen, die Namen, die Werte und Wertigkeiten halten eine bestimmte Struktur. Innerhalb des durch Zahlen und Namen zusammengefügten Bereichs werden die Dinge greif- und nachvollziehbar.

So sind alle diejenigen, die mit dem gleichen System von Zahlen und Namen verbunden sind durch ihr Inkarnieren in diesem Bereich, verwoben mit dem Bereich, in dem sie eben sind. In dem du eben bist.

So entsteht in dir das Gefühl einer Zugehörigkeit, das Gefühl, ein Teil dieses Bereichs zu sein. Und nun prüfe, ob du das wirklich bist, wirklich sein kannst?

Schau einmal in dich hinein, welche Grenzen werden berührt, welche Hemmungen, wenn du dir vorstellst, das alles wäre nicht mehr da? Du hättest in deinem Kopf keine festen Zahlenwerte, an denen du deine Werte messen könntest?

Nimm einfach wahr, wie sich das für dich anfühlt und wie du reagierst.

Daran kannst du dich und die Strukturen deines alltäglichen Selbst erkennen.

Und frage dein ganz eigens spirituelles Selbst, was du wirklich willst und was dir wirklich wichtig und wertvoll ist.

Und dann erlaube deinem spirituellen Selbst, dich zu führen auf deinen Wegen zu deinem Ziel, das letzten Endes auch wieder eine Etappe deines Seins ist.

Spirituelle Freiheit

Im Laufe der Menschheitsgeschichte hat es in all den vergangenen und gegenwärtigen Kulturen immer wieder verschiedene Religionen gegeben, die merkwürdigerweise immer den Anspruch als die einzig richtige Religion in sich trugen.

Sicherlich heißt das Wort „Religio" Wiederanbindung, aber es sollte sich dir die Frage stellen, woran du dich wieder anbindest. Alleine durch deine Fokussierung auf eine bestimmte Religion bist du an diese Religion gebunden und versinkst zusammen mit den anderen Mitgliedern in einen ganz menschlichen Druck der Begründung und Rechtfertigung.

All das hat nichts mit Spiritualität zu tun, denn Spirit ist ein ganz natürlicher Teil der Schöpfung, der keinerlei Katalogisierung braucht. Jede Religion im menschlichen Sinne wird dich von deinem Spirit entfernen, denn sie unterteilt die Schöpfung. So lange in dir eine Trennung ist beziehungsweise du eine Bewertung für dich brauchst, kommst du nicht an Spirit. Spirit ist nicht teilbar und nicht katalogisierbar – Spirit ist du und jeder lebendige Ausdruck.

So lange du für dich die Teilung in Gut und Böse brauchst, befindest du dich in einer inneren Dualität, denn du bewertest dein Sein und dein Handeln und somit alles um dich herum, und so wirst auch du nicht ganz werden und nicht an deinen vollkommen entfalteten Spirit kommen.

Doch nun bewerte dich nicht, sondern schau dich selbst mit liebevollen Augen an und entscheide aus absoluter Ehrlichkeit dir selbst gegenüber, ob du dich wohlfühlst in einem „religiösen Kontext". Und wenn alles in dir „Ja" dazu sagt, dann ist es für dich genau richtig so, und dann bewerte dich nicht und, vor allem, werte dich nicht ab.

Der wichtigste Schritt zu deinem eigenen ganzen Sein ist, dass du in Liebe zu dir stehst und vollkommen ehrlich mit dir selbst sein kannst. Denn dann hörst du schon auf, andere für dich und dein Leben verantwortlich zu machen und gehst einen wunderbaren Schritt auf dich als spiritueller Mensch zu.

Es ist in Ordnung, wenn du für dich eine Religion oder religiöse Anbindung in Form einer Organisation brauchst, auch das ist ein Prozess des Wachsens, und wenn es dir guttut, zu einer Religion zu gehören und bestimmte Rituale auszuführen und einzuhalten, dann ist es für dich auch richtig so. Und ich bitte dich, begegne den Menschen, die zu einer anderen Religion oder einer anderen spirituellen Überzeugung gehören, mit Respekt und Liebe. Denn auch sie sind mitten in dem Wachstumsprozess, in dem du selbst noch bist. Und jede und jeder geht ihren oder seinen ganz eigenen Weg, und jeder dieser Wege ist richtig, wie er gegangen wird.

Hast du dich für einen Weg entschieden und gehst ihn in Freude und Leichtigkeit, ist es für dich der richtige Weg, über dein Leben hinaus.

Denn du wirst auch auf der Lichtebene als Seele diesen Weg weitergehen, wie du ihn dir erwählt hast. So entscheidest du ganz für dich, wie deine Seelenreise aussehen wird.

Niemand von den Kräften des Lichts verurteilt dich für deinen Weg, den du dir erwählt hast, niemand bricht den Stab über dich. Diese Vorgehensweise ist in den Ebenen des Lichts nicht vonnöten, denn hier findet alles nach ganz klaren Vorgaben statt. Und eine Vorgabe ist die kosmische Ordnung, die zum Schutz deines und eures Universums beachtet wird und ein natürlicher Seinszustand ist.

Und wenn du irgendwann das Gefühl hast, dich von allen Religionen und Vorgaben lösen zu können und ganz in dem Licht deiner Seele zu stehen, wenn du so stabil und so stark mit deinem spirituellen Selbst verbunden bist, dann bist du bei Spirit angekommen. Nenne es ein entfaltetes Christusbewusstsein, nenne es, wie du willst (ich weiß, du möchtest gerne alles benennen), aber noch viel wichtiger ist, dass du bist. Dann bist du ganz geworden, dann bist du frei und erleuchtet. Dann bist du ein erwachsenes Mitglied der Weißen Schwestern- und Bruderschaft geworden, denn du hast Spirit in dir verwirklicht, und Spirit kann aus dir und durch dich wirken. Dann bist du vollkommen selbstermächtigt im meisterlichen Sinne. Dann tanzen und lachen die Engel um dich herum und feiern deine Freiheit, dein Spirit.

Dann fließen die Rituale und Gebete aus dir heraus, einfach, weil du gerade beten oder ein Ritual machen willst. Dann kannst du erleben und erfahren, wie oft du bereits entsprechende Inkarnationen hattest, und erspüren, wo deine spirituelle Liebe wohnt. Sei dabei liebevoll mit dir, vertraue deiner ganz eigenen Spiritualität und lass sie entstehen und wachsen.

Mach aus keiner dieser Phasen ein Dogma, denn du selbst bist das Zentrum deines Wachstums und deiner Entfaltung.

Lass diese Entfaltung zu und sorge dafür, dass es dir möglich ist, dich zu entfalten und zu entwickeln. Suche dir deinen Raum dafür, und du wirst beginnen zu erkennen, wer du selbst bist. Das kannst du aus dir heraus, lerne dich kennen und lieben so, wie du bist, und erfreue dich an deiner ganz eigenen Entwicklung als spiritueller Mensch.

Sei tolerant und liebevoll allen anderen Menschen gegenüber, die andere Wege gehen als du. Der Ausdruck Spirits ist unendlich viel größer, als du erfassen kannst. Alles Lebendige ist Ausdruck Spirits im Sein, und sagst du Ja zu deiner eigenen Lebendigkeit und zu dem Menschen, die oder der du bist, sagst du Ja zum lebendigen Ausdruck

Spirits als göttlicher Ausdruck der Schöpfung, des Seins, alles Lebendigen.

Schau, wo deine Zweifel und deine Strenge sitzen, schau, wo deine Angst sitzt, nimm sie liebevoll in deine Arme aus Licht und Heilung und erlaube ihr, sich in Liebe, Freude und Schöpfer/innenkraft zu verwandeln.

Prüfe immer wieder in dir, inwieweit ein dargebotener Weg deinen Eitelkeiten und deinen nicht angeschauten Themen des niederen Egos dient, und bitte immer wieder um die Führung durch die Kräfte des Lichts.

Nimm dir die Freiheit, dich mit allen Themen deines niederen Egos auseinanderzusetzen, und nimm die dargebotenen Hände an. Die Hände aus Licht, die bereit sind, dich einzuhüllen und zu halten, wenn du denkst, du hättest versagt oder wärst von deinem Weg abgekommen.

Es ist ein Weg, es sind alles Wege, und du hast die absolute Freiheit zu entscheiden, welchen Weg du gehen möchtest und wie groß deine Schritte sein werden.

Geh nicht davon aus, dass eine Religion richtig und eine falsch ist. Gönne und nimm dir die Freiheit, dir die verschiedenen „Weltreligionen" anzuschauen und kennenzulernen und mache dir immer wieder klar, das dein Ja oder dein Nein immer nur etwas über dich und deine Entwicklung aussagt, und erlaube deinem spirituellen Selbst, dich zu führen.

Über allem steht der freie Wille, und jeder Mensch entscheidet für sich, wo das eigene spirituelle Zuhause ist.

Werte nicht darüber, wenn Menschen ihre Religionszugehörigkeit wechseln und ihren Standpunkt verändern. Betrachte es einfach als Ausdruck der eigenen Entwicklung und des ganz eigenen Wegs.

Oft spielen karmische Zusammenhänge eine Rolle, und dieser Mensch kann heilen in Verbindung mit einer Religion. Und dieser Mensch wird sich in diesem Rahmen so weit entwickeln, wie es genau diesem Menschen möglich ist. Sende und wünsche den Menschen, die dir auf deinem Weg begegnen, Heilung, Liebe und Frieden, und dann lass los.

Und wenn es für diesen Menschen richtig ist und seine Entwicklung weitergeht über den Kontext einer bestimmten Religion hinaus, wird, kann, darf und sollte er weitergehen. Denn der Weg geht immer in die spirituelle Freiheit und in die Anbindung an das eigene spirituelle Selbst. So wandern die Seelen hierhin und dorthin, auf allen Seiten des Schleiers, und sie lernen und entwickeln sich zurück zu dem, was sie wirklich sind: Wesen aus reinem Licht, aus reinem Sein, ausgestattet mit Schöpfer/innenkraft und unendlicher Liebe.

Erinnere dich, wer du warst, als du auf Gaia ankamst. Erinnere dich an deine leichte und fließende Gestalt, und erinnere dich an dein ganzes Potenzial. Erinnere dich an deine Verbindung zu denen, die du heute die Aufgestiegenen Meisterinnen und Meister nennst, und erinnere dich an deine ständigen Verbindungen zu den Engeln, Feen und kleinen Helfern.

Und erinnere dich an die unendliche Liebe und vollendete Schönheit Gaias, die dich einhüllte und immer wieder begleitete, so, wie du dich dafür öffnetest und öffnest.

Du nahmst und nimmst die Energien auf und wandelst sie mit deinem ganzen Sein, deinem eigenen Lichtkörper, in die Form und in die Farbe. Und so gestaltetest du diese Schöpfung mit. Du bist nicht kraft- und wehrlos, denn du bist verbunden mit Spirit. Lass dein Licht leuchten und erfüllen, wo auch immer du gerade bist, und was auch immer du gerade tust.

Du wusstest um die fünf Strahlen und du kanntest die Hüteengel, und dir war absolut bewusst, dass das Potenzial aus dir herausfloss und du selbst es in die Form, die in Harmonie mit dieser Schöpfung war, gebracht hast.

Mach deinen Frieden mit allem, was zwischen dem Damals deiner Ankunft hier und dem Heute liegt, und lass es gehen. Und erinnere dich, wer du bist.

Erkläre die feste Absicht, ganz und heil in deinem Sein und ein lebendiger, freudvoller und sichtbarer Ausdruck deines spirituellen Selbst zu sein.

Lass das Wort „Frieden" einmal durch deinen ganzen Lichtkörper klingen und schwingen, nimm das Wort „Frieden" mit in deine Meditationen und lass es durch alle deine Chakren wandern und schwingen.

Wie fühlt sich das Wort „Frieden" für dich an? Was löst es in dir aus, und wo reagierst du am intensivsten, welches Chakra reagiert am intensivsten?

Manches Mal bringt ihr den Tod eines geliebten Menschen mit diesem Wort in Verbindung oder auch die Energien nach einem heftigen Wetter. Spüre einmal nach, was dann in dir geschieht und wie es sich anfühlt.
Was hat sich gelöst, wo warst du angespannt und voller Angst in der vergangenen Situation? Wo warst du so angespannt, dass du dich nach dem inneren Frieden gesehnt hast, der eigentlich dein inneres Sein ist?

Ich bitte dich, dir einmal deinen inneren Frieden anzuschauen. Irgendwo in dir ist dieser stille, meditative Ort, in dem dein innerer Frieden wohnt. Gehe dorthin mit deinem Bewusstsein und gestalte dir diesen Ort, lass dieses Zentrum des Friedens in dir zu einem wunderschönen, harmonischen und glücklichen Ort werden, zu dem du immer wieder kommen kannst und von wo aus du das Licht des Friedens in deine ganzen Körper senden kannst.

Der Friede in dir und in allen Menschen kann zu einem Frieden auf Gaia werden und zu dem wunderbaren Weltfrieden, aus dem heraus alles Wunderbare und Schöne entstehen kann.

Richte dein Bewusstsein immer wieder auf diesen inneren Frieden aus und lass ihn aus dir herausschwingen und erklingen.

Je mehr und je öfter du das tust, desto mehr wirst du in eine Resonanz des Friedens treten mit dem Außen und allem, was dir begegnet.

Sag dir, wann immer du magst:

„Ich bin ein strahlender spiritueller Mensch, und in meinem Zentrum ist der Ort des göttlichen Friedens."

Du selbst bist das Zentrum deines Seins, und mit deinem erweiterten und weiterhin ansteigenden Bewusstsein wirst du immer eigenverantwortlicher für dein Leben werden.

Und so mach dir immer wieder bewusst, dass niedere Emotionen dich an Bereiche binden, an die du vielleicht gar nicht gebunden sein möchtest. Mit „niederen Emotionen" meine ich all die Emotionen, die dein System eng und klein werden lassen und dein spirituelles Selbst oft fast zum Verschwinden bringen.

Über dein spirituelles Selbst bekommst du den Kontakt in die anderen Dimensionen, die einem kleinen Kind noch so selbstverständlich sind.

Schaust du dir das menschliche Sein einmal aus der Perspektive einer Schamanin oder eines Schamanen an, so kommst du an diese Selbstverantwortung, die über das eine körperliche Leben hinauswirkt. Menschen, die schamanische Reisen machen, so genannte Reisen in die Anderswelt, erfahren, dass dort unendlich viele Welten und Bereiche sind und es in all den Dimensionen auch Bereiche gibt, wo Schamanen sich treffen und miteinander heilen können.

So kannst du als Mensch ganz klar und bewusst eine Entscheidung treffen, wohin du nach deinem physischen Tod gehen möchtest, und dir den Weg bereiten. Natürlich kannst du, wenn es deinem Willen entspricht, dich an den Ort begeben, den deine religiöse Anbindung für dich vorgesehen hat. Ist es für dich so richtig, dann ist es genau so richtig.

Göttin, Gott, Götter

Viele Kulturen hast du erlebt und durchlebt, unendlich viele Wege bist du gegangen, du hast gelacht und geweint. Immer wieder haben die Erinnerungen deiner Seele, deines spirituellen Selbst, dich auf die Suche geschickt. Immer wieder warst du getrieben von einer inneren Unruhe, die dich weiter und weiter schob. Immer wieder hast du in allen Kulturen dieser Schöpfung das Göttliche, den Gott, die Göttin, die Götter gesucht. Und nun bleib stehen, bleib einfach stehen.

Du bist angekommen. Endgültig angekommen.

Alles, was du an Gott, Göttin, Göttern brauchst, löst sich aus dir heraus. Entsteht aus dir heraus. Bleib einfach stehen. Fest verankert im Hier und Jetzt, auf Gaia, mit Gaia und in Gaias Sein.

Und lass aus deinen ganz eigenen Tiefen aufsteigen, was du lange, sehr lange, im Außen gesucht hast: deine Schöpfer/innenkraft. Verbunden mit Allem-was-ist, verbunden mit dem ganzen Sein. Ganz tief unter deinen Füßen und ganz weit draußen im Universum. Alles ist du, und du bist alles.

Gib diesem, deinen Sein, den Namen, der sich für dich richtig anfühlt. Sieh gerne dein multidimensionales Sein als Götter, sieh gerne dein multidimensionales Sein als Göttin oder Gott. Denn wie auch immer du es siehst und für dich benennst, ist es richtig. Es gibt da nichts Falsches, nichts Verirrtes. Es ist dein Sein, dein göttliches Sein. Spiele mit den Worten und erfühle, welches in Einklang mit dir ist.

Begegne deinem eigenen multidimensionalen Sein mit Achtung und Respekt und bedenke: wie innen, so außen. Die Achtung und der Respekt und die Liebe, die du deinem eigenen Sein entgegenbringst, werden ihre Resonanz finden in allen Dimensionen und in aller Verbundenheit, in der du bist.

Und bringe diesen Respekt auch all denen entgegen, die dir begegnen, denn auch sie sind auf ihrem Weg und dort richtig, wo sie sind.

Nenne dein multidimensionales Sein auch gerne „Archetypen", ein verhältnismäßig neues Wort dafür, und wenn du dich damit wohlfühlst, dann benenne es so. Wichtig ist alleine, womit es dir gut geht. Welches dieser Worte, oder vielleicht auch ein ganz anderes Wort, ist für dich in vollkommenem Einklang mit dir? Spiele damit und erspüre es, und wenn du das für dich richtige Wort gefunden hast, dann nutze es für dein Sein, für deine Manifestationen. Erfülle deinen Namen für dein multidimensionales Selbst, das dich mit den fünf Strahlen der fünf Hüteengel und mit dem ganzen Sonnensystem verbindet, mit deiner Liebe, deiner Hingabe und deinem ganzen Sein, deinem ganzen Lachen, deiner ganzen Freude an deinem Leben. Und lass diese Freude durch das ganze Universum klingen, bis zu den fünf Hütengeln, und tritt in Resonanz mit ihnen. Lass deine Freude, verstärkt durch die fünf Strahlen, die fünf Farben, zu dir zurückfließen und erlaube dieser wunderbaren Kraft, dein Leben, dein Sein im Einklang mit dem großen Ganzen, dem kosmischen Tanz, seinen ganz eigenen Ausdruck zu finden.

Erfreue dich an der Vielfalt und an der wunderbaren Schöpferinnenkraft dieses Universums, das du mitgestaltest in all deiner Göttlichkeit, Freude und Liebe.

Werde eins mit dieser Schöpfung, mit allem Sein in dieser Schöpfung. Und sei, wer du bist: vollkommen göttlich.

Löse dich von all den Worten und Definitionen, die du je gehört hast über das Göttliche, und erlaube deinen inneren Grenzen des Wertens, sich aufzulösen. Jede Wertung zieht in deiner Schöpferinnenkraft eine Grenze deines eigenen Potenzials. Spüre immer wieder nach und hinein in dein Sein, wann du mit dir, deinem Gott, deiner Göttin, deinen Göttern, deinen Archetypen in vollkommener Harmonie bist. Diese tiefe innere Harmonie wird dich heilen und führen auf deinen Wegen, und diese tiefe innere Harmonie findet ihre Resonanz in der Schöpfungskraft der fünf Strahlen, die auch außerhalb Gaias Resonanzfeld und Gaias Aura sind. Und so kann deine Harmonie durch dein ganzes Universum wirken und alles erschaffen, was du willst, wie du meinst, wie diese Schöpfung und dein Leben sein sollen.

Löse dich aus deinen inneren Grenzen und gehe bewusst und klar in deine spirituelle Freiheit. Deine spirituelle Freiheit wird dir helfen, dich zu erinnern, wer du wirklich bist. Sie wird dich erinnern an dein tiefstes Sein, dein Sein als kosmisches Licht, das vor unendlich langer Zeit diese Schöpfung mit erschuf in Frieden, Harmonie, Weisheit, Vollkommenheit und Liebe.

Schau einmal, welche Thesen und Worte für dich eingängig sind und somit dein Leben formen und bestimmen. Immer wieder höre ich das Wort „Dualität", und ihr leitet es davon ab, indem ihr davon ausgeht, dass Gott oder Göttin alles in einem ist, weder weiblich noch männlich. Und nun sage ich dir, die kosmische Liebe ist in eurem Sprachgebrauch „sächlich", denn sie ist nicht personifiziert. Und jede personifizierte Form des Göttlichen wird sich den auf einem Planeten gegeben Umständen anpassen müssen. Du verstehst?

Das Göttliche wird sich immer in einer Form offenbaren, die auf dem jeweiligen Planeten möglich ist. Das hat nichts damit zu tun, dass du getrennt bist oder ein duales Wesen. Du bist ein vollkommener Ausdruck des Göttlichen in der Verkörperung, die du gerade hast auf dem Planeten, auf dem du gerade bist. Deine Göttlichkeit drückt sich aus durch deine Lebendigkeit, durch dein Sein, und strebst du nach göttlicher Vollkommenheit, so hebst du energetisch alles an, denn deine natürliche Göttlichkeit weckt das Göttliche in allem, was dir begegnet und was um dich ist.

Versuchst du, dich aus dem göttlichen Kontext herauszunehmen, dann frage dich, warum du das versuchst. Gaia ist ein Planet der Kontemplation, versehen mit Resonanzen, und so lernst du dich, und zwar nur dich, erkennen in deiner jetzigen Inkarnation, und du entscheidest für dich, und zwar nur für dich, wie weit du gehst und ob du bereit bist, dich deiner eigenen Göttlichkeit anzuvertrauen in deinem ganzen Sein.

Denkst du mit Worten und Begriffen, mache dir klar, woher diese Begriffe gekommen sind, und schau hin, warum du gerade diese Begriffe magst. Geben sie dir Gelegenheit, dich wieder zu verstecken vor deiner eigenen Göttlichkeit, weil du dich darauf zurückziehen kannst zu sagen, du seist ein dummer, ein schwacher, oder eben ein nicht passender Teil der Schöpfung? Möchtest du gerne klein sein und bleiben? Gibt dir das die Illusion der Sicherheit?

Entscheide dich für dich und für dein Leben, bitte deine eigene Göttlichkeit, dich zu führen und erlaube dir zu schauen und wahrzunehmen, wer du wirklich bist. Warum versteckst du dich hinter Worten? Schau auch dahin und frage dich, welche Falle deines niederen Egos da wohl lauert. Welcher Anspruch deines niederen Egos bringt dich dazu, dein Sein zu zentrieren auf die Definition von Worten? Was fehlt dir selbst, welche Lücke versuchst du damit zu schließen?

Und stell dir die Frage, warum du einen guten Eindruck bei anderen Menschen machen oder besonders hübsch oder intelligent sein möchtest. Welche Angst schlummert da in dir und lockt dich in die Falle des Nicht-Göttlichen?

Schau dich an, schau dich selbst liebevoll an, denn wenn du dich selbst liebevoll anschaust, schaust du mit deinen göttlichen Augen. Sei gütig mit dir, erinnere dich an deinen Humor, und dann schaue hin. Und du wirst dich selbst sehen können, da bin ich sicher. Und dann erschrick nicht, wenn du dich siehst als Wesen aus reinem Licht und Energie, aus Farben und in vollendeter Schönheit. Du selbst weißt es nicht, weil du nicht wissen willst. Weil du Angst hast zu wissen, wer du bist. Nimm es an und schau, was aus deinen Zellen herausgehen kann, wenn du beginnst, mit deinen göttlichen Augen zu schauen. Und dann erlaube dir, dich aus der Trennung zu lösen, denn die Dualität in dem Sinne, wie du das Wort kennst, gibt es nicht. Aber so lange du glaubst, ein duales Wesen zu sein, gehst du davon aus, nicht vollständig zu sein. Du bist vollkommen, wie du bist, unabhängig von deinem Geschlecht. Und in deiner Vollkommenheit hast du dich entschieden, auf Gaia zu inkarnieren, weil du etwas zu tun hast mit dieser Zeit und Gaia und dem Ort, an dem du bist.

Und so hast du entschieden, ob du weiblich oder männlich sein wirst, denn würdest du als alles in einem gehen, wäre das schwierig auf Gaia. Und eines hast du immer gewusst: Gaia ist eine lebendige Göttin, und gehst du zu einer Göttin, wirst du die Ordnung dieser Göttin annehmen und lernen, in der Liebe dieser Göttin zu sein. Und in ihren liebevollen Armen hast du die wunderbare Chance, dich selbst zu erkennen in allem, was dir begegnet, und auch in der Wahl deiner Gedanken.

Prüfe für dich, warum bestimmte Worte dich binden, warum bestimmte Düfte, Geräusche, Bilder dich binden, dich begeistern. Und so erkenne dich in deinem Sein und werde zu dem, was du wirklich bist: der personifizierte Ausdruck des Göttlichen.

Erlaube mir, neben dir zu stehen und bei dir zu sein, wenn du dich für deine spirituelle Freiheit entscheidest. Erlaube mir, dir die Hand zu reichen und dich zu erfüllen mit meinem Licht. Erlaube uns allen, teilzunehmen an deinem Sein, deinem Leben und deiner Freude.

Erlaube dir, uns, die Meisterinnen und Meister, in Anspruch zu nehmen, zu fragen und dich zu halten und zu trösten. Löse dich aus allen Gedanken und Grenzen deines alltäglichen Selbst. Schau sie dir an und lass sie gehen. Und dann erlaube dir und uns, gemeinsam in Weisheit, Harmonie und Frieden an dem großen kosmischen Tanz teilzunehmen.

Und so wirst du auch beim Lesen dieses Buches dich selbst erkennen können, indem du erspürst und wahrnimmst, was dich am intensivsten berührt und beschäftigt. Und dann bleib bei dir und nimm alle Hilfe und Hände der Kräfte des Lichts an, die dir gereicht werden.

Vielleicht siehst oder spürst du die Anwesenheit eines Engels, während du zu dir selbst schaust, oder du spürst eine warme Energie, die dich einhüllt.

Nimm es an, denn die Kräfte des Lichts begleiten dich voller Liebe und Freude in deinem Wachstum und deinem Sein.

Und achte darauf, ob du dich in eine niedere Emotion begibst dir selbst gegenüber; dann löse dich daraus und vergib dir dieses Gefühl, um nicht eine erneute und weitere Verstrickung deiner Selbste zu erschaffen.

Sei liebevoll zu dir und zu allen, die dir begegnen, schau mit wachen Sinnen und einem freien spirituellen Selbst in diese Schöpfung und erkenne dich selbst.

Kinder

Seit langem schon unterhalten wir uns über Kinder. Wer oder was sind Kinder? Sind sie kleine Seelen in kleinen Körpern, sind sie große Seelen in kleinen Körpern – oder was sind sie nun eigentlich?

Kinder sind schlichtweg Kinder. Sie sind Seelen, die inkarnieren und sich mit der jeweiligen Form angefreundet beziehungsweise abgefunden haben.

Die Seelen wissen, dass es keine andere Möglichkeit der Menschwerdung gibt; sie müssen als Baby heranwachsen, zu Kindern werden, um dann sogenannte Erwachsene zu werden.

Da beginnt das Dilemma der Kinder. Ist ein Mensch Kind, befindet er sich in einem Alter von 0 bis 14 Jahren. Er ist körperlich klein, seelisch aber oft groß. Nun muss diese große Seele, so es denn eine ist, versuchen, mit dem kleinen Körper zurechtzukommen. Der Lernprozess und die Integration in die bestehende Gesellschaft nehmen sehr viel Konzentration und Energie in Anspruch, aber die Seele hat sich dazu bereit erklärt, denn sie wollte genau dort, wo sie ist, und genau in der Zeit, in der sie ist, inkarnieren.

Manchmal hat eine Seele beschlossen zu inkarnieren, entscheidet sich jedoch anders, wenn sie „dichter rankommt". Ob es ihr dann gelingt, sich wieder zu lösen, hängt von vielen Faktoren ab. Auch dieser Prozess hat mit Wachstum und Lernen zu tun.

Zu bestimmten Zeiten inkarnieren bestimmte Seelen, weil genau sie etwas mit der kommenden Zeit zu tun haben. Was die Seele dann oft vergisst oder nicht weiß ist, dass die jeweiligen Eltern in einer anderen Zeit inkarniert sind und somit ihre Strukturen und Regeln nicht einfach übernommen werden können.

Die Eltern des Kindes waren in einer Zeit in die Zyklen Gaias eingetreten, die für sie richtig und wichtig waren, und das Kind tritt in einer anderen Zeit ein. Es ist wertvoll für die Eltern, sich darüber klar zu werden, dass sie alle Entscheidungen, die sie hinsichtlich ihres Kindes für richtig halten, immer nur von ihren Erfahrungen aus treffen können, und es ist weise von ihnen, daran zu denken, dass sie nicht wissen, wie die Zukunft des Kindes sein wird.

Erfahrungen, aus denen Reaktionen hervorgehen, sind Vergangenheit, sie sind vorbei. Die Zukunft setzt sich zusammen aus unendlich vielen Energien, und so kann niemand vorher sagen, wie die Zukunft sein wird.

Wollen die Eltern bestimmte Fertigkeiten bei dem Kind ausprägen, weil nach ihren Vorstellungen das Kind dann seine Zukunft sicherer gestalten kann, so sind das nur die Vorstellungen der Eltern.

Die Kinder gestalten ihre Zukunft selbst, und gerade in dieser Zeit, in der die gesamte Menschheit jetzt angekommen ist, ist vieles nicht mehr gültig, was vor kurzem noch gültig war.

Vor fünfzig Jahren hätte sich kaum ein Mensch vorstellen können, welche Technologien heute zur Verfügung stehen, und so steht Generation für Generation vor neuen Herausforderungen.

Und schaust du jetzt einmal weit zurück in der Geschichte der Menschheit, dann wirst du mir zustimmen, dass eine wunderbare Entwicklung stattgefunden hat.

Eine Reise der Menschheit in die tiefste Dunkelheit, und von dort aus nun wieder in das Licht, und jedes Kind ist ein Schritt, und das Kind, das in Liebe und Frieden aufwächst und dem erlaubt wird, sich in seinem Sein zu entfalten, ist ein gesegnetes Kind, denn es wird aus sich heraus den für es richtigen Weg finden.

Jedes Kind geht erst einmal davon aus, dass es sich bewegen sollte wie die Eltern, dass es leben sollte wie die Eltern. Diese Orientierungshilfe ist für Kinder für eine Weile sinnvoll und wird sich ganz von alleine verändern, wenn sie sich zu lösen beginnen.

Kann das Kind sich nicht aus oder von den Eltern lösen, wird es an die Erinnerung, warum es inkarniert ist, nicht herankommen. In eurer heutigen Gesellschaft ist noch vieles darauf ausgerichtet, dass Kinder in die Fußstapfen ihrer Eltern treten und genau so weitergehen. Das erscheint sinnvoll, wenn anstehende Veränderungen verhindert werden sollen, denn Veränderung macht Angst, und Angst blockiert.

Diese „Kinder" haben oft bereits in anderen Sphären Ausbildungen durchlaufen, sind vorbereitet worden und haben eine ganz bewusste Wahl getroffen.

Stelle es dir als kosmisches Reisebüro vor; die Lichtseele begibt sich in das kosmische Reisebüro und bespricht dort, wo die nächste Reise hingehen soll, welche Bedingungen dort anzutreffen sind, und was sie dort lernen kann. Von dort aus wird alles vorbereitet, und dann kann die Reise beginnen.

Lass uns gemeinsam eine Reise mit einer Seele machen, die auf Gaia inkarnieren möchte. Nehmen wir an, diese Seele hat sich vorgenommen, alte Versäumnisse nachzuholen, vertraute Seelen wiederzutreffen und dann, nachdem alles Wesentliche erledigt ist, sich selbst, also den höchsten Auftrag, zu verwirklichen.

Begleiten wir jetzt einmal diese Seele auf ihrer Reise.

Die Seele hat die Menschen gefunden, die sie sich als Eltern wünscht, und wartet nun auf die Möglichkeit, sich zu inkarnieren. Zwei Menschen, die sich lieben, ziehen zusammen in eine Wohnung oder ein Haus und möchten gerne eine Familie gründen. Natürlich gibt es auch unendlich viele andere Situationen, in denen eine Seele sich dazu entscheidet zu inkarnieren, und ich bitte dich, das hier jetzt wirklich nur als Beispiel zu betrachten.

Oft ist die kommende Seele bereits längere Zeit bei diesen Menschen oder bei einem von ihnen, begleitet diese Person liebevoll und nimmt Anteil an ihrem Leben.

Nun kommt der Zeitpunkt, in dem in der Frau ein Kind beginnt heranzuwachsen. Die Seele des Kindes ist bereits anwesend und kann somit die Entwicklung des Fötus begleiten. Die Seele wird alles dazu tun, dass die Mutter geschützt und sicher ist und das heranwachsende Kind mit den ihr zur Verfügung stehenden Kräften begleiten. Der Fötus wird von der Seele in einen warmen Mantel aus Licht gehüllt und wächst somit „doppelt geborgen" im Bauch der werdenden Mutter heran.

Immer mal wieder wird die Seele den heranwachsenden Körper durchlichten und so für eine Stimmigkeit zwischen dem Körper und der Seele sorgen. Die Zellen des Kindes nehmen bereits die Informationen der Seele auf, und so wird alles, was diese Seele sich für die kommende Inkarnation vorgenommen hat, in den Körper gespeist und gespeichert.

Die reine Seele ist mit den kosmischen Sphären, den Tönen der Planeten und den Farbstrahlen verbunden und in ständigem Kontakt, und so entscheidet sie auch über den Zeitpunkt der Geburt, um die Themen, die sie in diesem Leben lernen und bearbeiten möchte, im kosmischen Einklang wiederzufinden und den Boden dafür zu bereiten.

Für die werdende Mutter fühlen sich diese Momente sehr schön und harmonisch an, und sie spürt intuitiv, dass etwas sehr Erhebendes geschieht. Oft zeigt sie dann ein wunderschönes Lächeln und ist ganz in sich versunken. Und oft findet auch bereits eine Kommunikation zwischen ihr und dem werdenden Kind statt.

Beide, Mutter und Kind beziehungsweise Seele, wissen, dass eine Zeit der ersten körperlichen Trennung kommen wird und können sich entspannt darauf vorbereiten.

Die werdende Mutter kann sich wunderbar an der guten Beziehung zu dem heranwachsenden Kind in ihrem Bauch orientieren, denn nach der Geburt des Kindes kann sie nahtlos daran anknüpfen. Sie täte gut daran, sich nach der Geburt des Kindes nicht von außenstehenden Menschen oder Büchern etwas anderes einreden zu lassen als das, was sie fühlt.

Für beide, also Mutter und Kind, ist die Zeit der Geburt eine aufregende, und ist die Schwangerschaft problemlos verlaufen, ist es für die kommende Seele das erste schwere Drama, das sie erlebt.

Bis zur Geburt ist die Seele bereits intensiv mit dem kleinen Körper verbunden und hat sich immer tiefer auf das Leben auf Gaia eingelassen; diese Seele hat sich bereit erklärt zu inkarnieren und ist erfüllt von Freude, Liebe und Neugier auf das neue Leben.

Die werdende Mutter tut gut daran, sich auf die Geburt voller Vertrauen und Freude vorzubereiten und zu bedenken, dass sie einer Seele die Möglichkeit schenkt, sich zu verkörpern. Je ruhiger und entspannter die Mutter auf die Geburt zugeht, desto ruhiger und entspannter kann diese verlaufen. Die Mutter hat die Möglichkeit, ihrem Kind einen entspannten und friedlichen Weg in das neue Leben zu bereiten.

Auch wenn die natürlichen Zyklen einer Geburt mit starken Kräften verbunden sind, ist eine Geburt für die kommende Seele ein natürlicher Vorgang, denn die Seele des Kindes weiß um diese Dinge. Und sie ist voller Vertrauen auf die Mutter ausgerichtet; bleibt diese gelassen und ruhig und kann die körperlichen Rhythmen vertrauensvoll kommen und gehen lassen, kann das Kind sie ebenso annehmen.

Jede Mutter ist eine ganz eigene Persönlichkeit und wird sich entsprechend ihrer Persönlichkeit vorbereiten und reagieren. Vergesst nie, dass das Kind, das inkarnieren möchte, sich genau diese Mutter ausgesucht hat. Wird die werdende Mutter von den zu ihr gehörenden Menschen liebevoll und gut begleitet und kann ihrem Leben als Mutter entspannt entgegensehen, werden sich die Geburt und auch die ankommende Seele genauso verhalten.

Kinder sind energetisch genau so unterschiedlich, wie es erwachsene Menschen sind. Oft umgibt eine Art Zauber ein Kind, und jeder beginnt zu lächeln, wenn dieses einen Raum betritt, denn alles wird heller und freundlicher.

Auch dieses strahlende Kind wird wachsen und älter werden, und manches Mal geht das Strahlen verloren; aus dem strahlenden Kind ist ein erwachsener Mensch geworden, der vieles von sich selbst verloren hat.

Nimm es nicht als Selbstverständlichkeit hin, dass das Kind sich so entwickelt hat. Und bist du selbst das Kind, von dem ich hier gerade spreche, dann erinnere dich, wie du als Kind warst. Erinnere dich an deine Unbefangenheit und dein natürliches Geborgenheitsgefühl, und erinnere dich, wie selbstverständlich du mit Engeln und Tieren gesprochen hast, wie leicht dir das Leben schien und mit welcher unendlichen Freude du Tag für Tag alles um dich herum entdeckt und bestaunt hast.

Wecke die Augen des Kindes in dir, schaue dich mit diesen Augen um und beginne, wieder die natürliche Freude an der Schöpfung und deinem reinen Sein zu spüren.

Und so wird deine Aura wieder beginnen zu strahlen, und dein Leuchten wird andere darauf aufmerksam machen, was ihnen fehlt. Und so bist du wahrlich ein Lichtbringer oder eine Lichtbringerin geworden und erfüllst den Bereich, in dem du bist, mit Licht und Freude.

Spirituelle Arbeit mit Kindern

Kinder können, egal, zu welcher Religion sie gehören, an ihr spirituelles Sein herangeführt werden.

Sie haben noch einen ganz natürlichen Bezug zu diesen Themen, und es fällt ihnen leicht, die verschiedenen Ebenen miteinander zu verbinden.

Sie werden normalerweise einen ganz natürlichen Umgang damit haben, und genau das ist das Wunderbare daran. Schön ist es, wenn ihnen dieser natürliche Umgang mit Spirit erhalten bleiben kann.

Bei der spirituellen Arbeit mit Kindern ist es wichtig für das Kind, erst einmal Kenntnis von dem eigenen Lichtkanal zu erhalten. Erkläre dem Kind, dass es ein Wesen aus Licht und Energie ist und durch die Mitte seines Körpers ein Lichtkanal fließt. Lehre das Kind, mit diesem Lichtkanal zu spielen, ihn groß und weit werden zu lassen oder klein und schmal.

Weise das Kind auf die drei wichtigsten körperlichen Bereiche hin, damit es lernen kann, sich im Körper zu verankern und sich in ihm sicher zu fühlen. Bedenke dabei, dass viele der heutigen Kinder sich nicht besonders wohl in ihrem Körper fühlen und die Schwingungsfrequenz der Seele nicht immer von Anfang an mit der des Körpers harmoniert. Ist es eine besonders reine und hoch schwingende Seele, achte besonders auf all die sensiblen Impulse, die dieses Kind sendet. Der noch kleine Kinderkörper sollte immer genährt werden mit reinen und hochwertigen Nahrungsmitteln auf allen Ebenen und in einer harmonischen und lichtvollen Umgebung wachsen können und dürfen. Sonst kommt es schnell zu Disharmonien, die sich in Form von Krankheit usw. äußern.

Die drei wichtigsten Zentren im körperlichen Bereich sind die Nervenzentren im Kopf, im Herzen und im Bauch.

Über die Füße und die Beine wird die Energie der Erde aufgenommen und durch das Nervengeflecht im Bauch hochgeleitet zum Herzen. Durch das Kronenchakra in der Mitte des Kopfes wird die Lichtenergie aufgenommen und die spirituelle Verbindung gehalten und über den Kopf auch in das Herzzentrum geleitet.

Dort, im Herzen, wird das Kind zu einem Mittler zwischen den Ebenen, den Ebenen des Lichts und denen der Erde.

Die Seele des Kindes leitet die Energie leicht und entspannt weiter, wenn es die Umstände erlauben.

In den ersten Monaten wird das Kind in liegender Weise durch alle Chakren genährt und gehalten; die Energien fließen im Idealfall gleichmäßig in alle Chakren ein, und das Kind kann energetisch gut versorgt werden.

Da ein kleines Kind noch nicht laufen kann, spürt es Störfelder, die sich unterhalb des Körpers befinden, besonders sensibel über alle Chakren.

Stell dir vor, es liegt auf dem Rücken in seinem Bettchen. Nun weisen neun Chakren nach unten und nach oben. Das Kind nimmt also nicht nur wahr, was unter seinen Füßen stattfindet, wie ein stehender oder laufender Mensch, sondern spürt ganzkörperlich die Erdenergien und die kosmischen Energien, die einfließen.

Beugt sich nun ein Mensch über das liegende Kind, wirkt dieser vornübergebeugte Mensch auf das gesamte körperliche Chakrensystem des Kindes ein. Ist dieser Mensch nicht harmonisch für das Kind und zu dem Kind, werden alle neun Chakren diese Information speichern und künftig entsprechend reagieren. Bei späterer Konfrontation mit ähnlich strukturierten Menschen kann es durchaus passieren, dass das gesamte vordere Chakrensystem sich sofort auf ein Minimum verkleinert, da die entsprechenden Informationen im Chakrensystem vorhanden sind.

Das Kind versucht sich zu schützen, ist aber dann energetisch unterversorgt. So entsteht bereits in den ersten Tagen eine entsprechende Prägung, die mit Hilfe des spirituellen Selbst wieder ausgeglichen werden kann. Je früher die Eltern beginnen, dem Kind entsprechende Hilfe anzubieten und es auf die spirituelle Verbindung hinzuweisen, desto weniger wird das Kind diese Erfahrungen festhalten, und die „Eindrücke" im Chakrensystem können sich lösen.

In den ersten Lebensjahren hat das Kind eine ständige Verbindung zu seinem Schutzengel, und es kann auch eine erweiterte Wahrnehmung vorhanden sein. Es ist sehr gut für Kind und Eltern, wenn diese gefördert wird und somit für das Kind zu einer alltäglichen Hilfe werden kann.

Das ist nicht unbedingt immer der Fall; es gibt auch Kinder, die geboren werden, die aus anderen Ebenen stammen und sich freuen, endlich inkarnieren zu können. Es besteht für sie überhaupt kein Bedürfnis, nun hellsichtig, aurasichtig oder Ähnliches zu sein. Es sind ganz normale, gesunde und wunderbare Menschenkinder. Wichtig und wertvoll, wie alle Menschenkinder.

Geht bitte nicht davon aus, dass nun alle Kinder der heutigen Zeit über außergewöhnliche Begabungen verfügen und nun auch gleich Indigo- oder Kristallkinder sind.

Es sind zu allen Zeiten immer wieder Seelen inkarniert, die ein starkes Potenzial zur Veränderung in sich getragen haben, und sie haben ihr Leben meistens ohne große Auffälligkeiten gelebt oder sind als Philosophen, spirituelle Lehrer/innen, Künstler und Dichter in die Menschheitsgeschichte eingegangen.

Bürdet euren Kindern nicht die Aufgaben auf, die ihr euch nicht anschauen wollt oder nicht bereit seid anzugehen. Eure Kinder werden sehr schnell differenzieren können, wie ihr euch verhalten habt, und sie werden sich entsprechend verhalten, wenn sie das entsprechende Alter erreicht haben.

Lehrt eure Kinder die Achtung und Liebe zu der Schöpfung, in der ihr lebt, und die Achtung und Liebe zu allen Mitgeschöpfen, die mit euch auf Gaia weilen. Was ihr ihnen gebt, wird zu euch zurückkehren.

Schaut sie euch als die Wunder an, die sie sind, und nehmt sie ernst und wertvoll in ihrem Bemühen, das Menschsein zu verstehen, umzusetzen für sich selbst und zu ihrer vollen Größe auf allen Ebenen heranzuwachsen.

Sie haben euch erwählt, und sie wollen wissen, was es bedeutet, Mensch zu sein; wie es sich anfühlt, Mensch zu sein und die Möglichkeit zu finden, wieder hineinzuwachsen in ihr spirituelles Selbst und so die Ebenen oder Dimensionen miteinander zu verbinden.

Das Menschsein ist keine leichte Angelegenheit, und das Erlernen der Vorgaben, die Gaia für jede Seele bereithält, fordert die Seele oft aufs Heftigste heraus. Grenzen wollen erkannt und verstanden werden, Gesetze und Regeln der Materie wollen erlernt und umgesetzt werden, und die Seele des Kindes versucht, sich zu orientieren und zurechtzufinden.

Die Liebe, die ihr dem Kind entgegenbringt, wird ihm immer wieder helfen, sich zu motivieren. Und eure Hilfe, das Göttliche in der Schöpfung zu sehen, zu pflegen und zu erhalten, kann dem Kind helfen, den Sinn des eigenen Daseins zu verstehen.

Wie Lady Portia bereits erklärt hat, wird ein Kind sich immer mehr an den Menschen der Umgebung orientieren und dadurch für eine Weile die spirituelle Heimat vergessen. Es wird sich einsam und hilflos fühlen, denn es lernt erst, sich auf Gaia zurechtzufinden – es ist nicht mehr dort, aber auch noch nicht ganz hier.*

Es braucht liebevolle Hände und Worte, damit der Schmerz und die Trauer über anstehende Herausforderungen und Themen und über den vermeintlichen Verlust der spirituellen Heimat ihm nicht als unwiederbringlicher Mangel erscheinen.

Und es braucht Menschen und Mitgeschöpfe, die dem Energiesystem guttun und ihm erlauben, sich vollständig zu entfalten.

Wenn das möglich und sichergestellt ist, kann die Seele sich durch den Körper und das Sein des Kindes entfalten und das angetretene Leben annehmen und leben.

---

*http://www.lady-portia.aiana.de/spirituelle_wachstumsphasen.htm

Die Zahlen deines Lebens

Ihr lebt, wirkt und arbeitet mit Zahlen. Zahlen haben das Leben sortiert und bewertbar gemacht. Was auch immer du tust, wertest du unendlich viel über Zahlen, und Zahlen haben eine ganz wunderbare Eigenschaft. Sie sind!

Sie sind einfach Zahlen und geben dir die Möglichkeit, etwas aus ihnen zu machen und deine einzelnen Wertigkeiten in ihnen auszudrücken. Inwieweit die Zahlen dein Leben bestimmen, also welche Wertigkeit du ihnen gibst, ist den Zahlen egal. Verstehe, bevorzugst du eine Zahl besonders, schaue, was es mit dieser Zahl auf sich hat. Das sagt dir etwas über dich aus, darüber, wie du denkst und wie du wertest.

Um dir da weiterzuhelfen, sage ich dir jetzt etwas über deine Zahlen; die Zahlen, die zu deinem Leben gehören und dazu beitragen, ob du dich gut fühlst oder nicht. Auch das ist natürlich immer deine freie Entscheidung. Fühlst du dich gut mit einer 9? Und schlecht mit einer 4? Oder genau umgekehrt? Dann schaue, warum das so ist und was diese Zahlen bedeuten. So lernst du dich wieder ein ganzes Stück mehr kennen, lieben und verstehen.

Oh, ja, lieben, denn es ist wunderbar, wenn du dich liebst, in all deiner Entwicklung und Begrenztheit, in der du vermeintlich bist. Du bist auf dem Weg in deine vollkommene Freiheit, und liebe dich nicht erst, wenn du sie erreicht hast. Liebe dich immer, auf deinem ganzen Weg, und betrachte dich, deinen Weg und deine Entwicklung liebevoll. Es ist ein großartiger Weg, den du gehst, den du gewählt hast, und alleine dafür, dass du ihn gehst und ihn für dich erwählt hast, sei liebevoll mit und zu dir.

Und nun erinnere dich, welche Zahlen du alle schon als wichtig angesehen hast, und wenn du weiter und genauer hinschaust, wirst du bemerken, dass jede der Zahlen etwas mit dir zu tun hat. Manche Zahlen öffnen die Tür zu Inkarnationen, die du hattest, und stellen Verbindungen her. Die Resonanz, das Zentrum deiner Wahrnehmung und deiner Wertung, bist ganz alleine du, und so kannst du nichts anderes tun, als dich kennenzulernen. Auch über die Zahlen.

Gehe den Weg der Zahlen voller Freude und Begeisterung und schaue genau zu den Zahlen, die dir am wenigsten gefallen.

Und wenn du nun begeistert bist von der 11 oder der 9, dann prüfe gleich in dir, inwieweit in dir ein Mangel ist und du die Heilung dieses Mangels benötigst. Und frage dich, warum du deinen Selbstwert oder deinen Mangel heilen willst über eine Zahl. Wieso erlaubst du einer Zahl, dich auf- oder abzuwerten? Stell dich selbst in Frage und lies gerne noch einmal das Kapitel über die „Hemmschwellen".

Verwechsle dabei nicht das Innen und das Außen; oft machen wir dich aufmerksam auf dein Selbst, auf dein Sein, indem wir dir Zahlen präsentieren. So fällt dein Blick genau zu einer Zeit auf deinen Radiowecker, wenn er 11:11 anzeigt oder 9:09. Dann wollen wir dich aufmerksam machen, dich daran erinnern, dass wir in deiner Nähe sind, und oft wollen wir dich auch konkret auf etwas hinweisen, wenn du uns vor lauter tiefen Gedanken nicht hören kannst oder magst.

Lerne, du Wesen aus reinem Licht, lerne und entwickle dich. Kehre immer wieder zu dir zurück und prüfe dich in deinem Sein, in deinem Wachstum.

Stell dir einmal vor, du begegnest einer großen Meisterin oder einem großen Meister. Alle deine Chakren öffnen sich weit, Glücksgefühle überfluten dich. Du hast sofort das Gefühl, gerade angekommen zu sein – endlich – an dem Ort und bei dem Menschen deiner Sehnsucht.

Nun möchte dein Kopf wissen, warum das so ist, und du suchst nach Gründen und in den Zahlen. Oh, ja, ihr seid unglaublich erfinderisch in der Entwicklung von Gründen, und dafür konstruiert ihr schnell eine neue geistige Berechnungsart. Denn mehr ist es nicht.

Das ist das, was geschah, damals in Atlantis; nenne es den Fall, oder wie immer du willst. Nenne es die Übernahme durch das Ego, das Sich-Lösen von der Seele und der Abstieg in die Dichte und die Dunkelheit.

Und alles, was versucht, Spirit einzugrenzen, mit Zahlen und Werten zu belegen, ist Atlantis. Da geht es um die Macht des Besserwissens, des Mehrwissens. Da geht es um die Macht der Ratio.

Diejenigen, die Atlantis miterlebten und das Verschwinden des ganzen Kontinents, beschleicht bei diesen Themen oft ein unangenehmes Empfinden.

Der Versuch der Kontrolle und der Machtausübung führte dazu, dass Atlantis verschwand von Gaia, denn Gaia selbst wehrte sich und war nicht mehr bereit, die Art der Einengung und der Kontrolle ihrer Schöpferinnenkraft hinzunehmen. Die Entwicklung auf Atlantis stand im Widerspruch zu allen Vereinbarungen, die Gaia in Respekt und Liebe mit den kosmischen Kräften getroffen hatte. Das, was auf Atlantis geschah, stand auch im vollkommenen Gegensatz zu dem, was auf Lemuria und Mu aufgebaut worden war, und so wanderten auch die damaligen atlantischen Kräfte im Rad des Karmas, bis sie verstanden und lernten, dass nur der innere Frieden, die Liebe und die Weisheit, die von Wissen kommt, die Menschheit zurückbringen in einen großen kosmischen Frieden, in den Einklang mit Allem-was-ist.

Immer wieder gehen diejenigen, die auf Atlantis versuchten, alles zu regeln, zu kontrollieren und zu steuern, was göttlich ist, in die Machtthemen hinein, organisieren und bemühen sich, ganze Systeme aufzubauen und aufrechtzuerhalten.

Und immer wieder erleben sie, dass nach einer gewissen Zeit das alles nicht mehr haltbar ist und sich auflöst. Lange Zeit wurde immer wieder geschaut, wie weit auch die Entwicklung dieser Seelen ist.

Und immer wieder wird eingegriffen, wenn Atlantis sich zu wiederholen droht.

Es ist Teil der menschlichen Entwicklung, immer wieder neue Systeme aufzubauen und zu schauen, ob sie besser sind als die vorherigen. Immer wieder in all den Zyklen war für eine Zeit das eine besonders gut, das andere eben nicht. Das eine hörte auf, und etwas Neues begann, und da ihr als Menschen immer nach hinten und vorne schaut, steht ihr selbst sozusagen in der Mitte der Zeitlinie, die ihr euch erdacht habt. Diese Zeitlinie ist nur insoweit real, als sie eurem Denken entspricht, und ihr geht davon aus, dass, wenn viele Menschen genau diese Zeitlinie für real halten, sie eben auch richtig ist. Sieh es doch einmal so, sie wird richtig dadurch, dass viele Menschen sie für richtig halten, denn jeder dieser Menschen gibt seine Energie hinein. Jeder dieser Menschen sagt: Das ist Realität. Das sehen auch viele andere Menschen so, und daher muss es die Realität sein. Mach dir bewusst, dass solch eine Realität erschaffen wird; sie wird manifestiert und bildet erst dann das entsprechende Energiefeld.

Was ist nun Realität? Ein Wort. Ein Wort, mit dem erschaffen wird. Was genau erschaffen wird ist allerdings unklar, denn dafür müssten alle Menschen, die dieses sagen, eine ganz klare Vorstellung haben. Sicherlich hast du schon bemerkt, dass die Erinnerungen von zwei Menschen an die gleiche Situation wie zwei verschiedene Geschichten sind?

Jeder dieser Menschen hat es so wahrgenommen, hat sich den Ausschnitt genommen, der in die eigene Realität passt. Die Zufriedenheit entsteht, wenn wenigstens einige Realitäten zusammenpassen; dann fühlt ihr euch aufgehoben und sicher. Und so habt ihr alles katalogisiert in Worte und Zahlen, um eure Sicherheit zu finden. Ihr habt Worte, die Angst machen, und ihr habt Worte, die Freude machen. Und ihr stellt gar nicht die Frage, warum macht uns das eine Angst und das andere Freude. Ihr seid zufrieden, wenn ihr in eurer Ordnung seid, in eurer Struktur. Dann fühlt ihr euch sicher und aufgehoben. Und alles, was euch aus dieser Ordnung bringt, schüttelt euch durch und auf und gibt euch die Möglichkeit, euch selbst kennenzulernen und euch darüber weiterzuentwickeln.

In all der Zeit, die du immer wieder auf Gaia inkarniert bist, hast du dich weiter und weiter „entwickelt". Nimm auch dieses Wort einmal ganz genau. Wieso hast du dich nicht „eingewickelt" sondern „entwickelt"?

Meine Partnerin fragte mich neulich, warum gerade jetzt all das passiert. Es ist toll, es ist wunderbar, aber warum gerade jetzt? Da bat ich sie, zu dem Aquarium zu gehen und sich die Fische anzuschauen. In diesem Aquarium sind goldene und schwarze Fische derselben Rasse. Sie haben sich vermehrt, und nun sind da viele gold/schwarze Fische; sie sehen hübsch aus mit ihren schwarzen Flecken in dem strahlenden Gold. Und auch sie werden sich wieder miteinander verpaaren, und sie werden kleine Fische gebären, und irgendwann sind viele schwarze Fische in dem Aquarium, weil die Gene es dann so zusammengeführt haben. Meine Partnerin nennt das: „Sie haben sich herausgemendelt."

Und so hat euer spirituelles Selbst vor jeder Inkarnation die Möglichkeit zu entscheiden, ob es an einem Zeitzyklus oder an bestimmten Erfahrungen auf Gaia teilhaben möchte, und es sucht sich Eltern, bei denen bestimmte genetische Möglichkeiten gegeben sind und es lernen und wachsen kann, durch was auch immer.

Und so weckt dieses spirituelle Selbst die entsprechenden Kodierungen der Gene und entfaltet sie, um das Potenzial der entsprechenden Zeit zur Verfügung zu haben und dieses „Genmaterial" durch die eigene Lichtkraft aufzuwerten, zu entwickeln und anzuheben. Du hast Lemuria erlebt, du hast Mu erlebt, und du hast Atlantis erlebt. Und so geben dir all deine Erinnerungen und Gene die Möglichkeit, dir die Potenziale aus diesen und allen anderen Zyklen in dein jetziges Sein zu holen und in deiner Göttlichkeit und nach deinem freien Willen freizusetzen.

Schau hin zu all den Inkarnationen, gratuliere dir zu all den Wegen und Erfahrungen und begrüße all deine Erinnerungen mit deiner unendlichen göttlichen Liebe und deinem göttlichen Humor.

Lass gehen, was du nicht mehr möchtest, und integriere, was dir gefällt und was sich für dich in deinem ganzen Sein richtig und wertvoll anfühlt.

Gehe in deine Selbstermächtigung und deine lebendige Göttlichkeit und sei willkommen in deiner Meisterschaft.

Sehnt deine Seele sich nach der Einheit und nach deinem reinen Sein und dem tiefen Leuchten in deinem Inneren, dann nimm deine alten Erinnerungen, schau sie dir noch einmal an, wenn du magst, und lass gehen, was du nicht mehr brauchst. Denn dann suchst du, wer du bist und warst: die lemurianische Seele. Einer der Seelen, die damals kamen zu Gaia und mit ihr in Einklang lebten. Im heiligen Raum, der auch auf Mu und Atlantis gelebt und gehalten wurde.

Dann bist du verbunden mit dem ganzen Kosmos, kennst die Regeln und die unendliche Liebe, und du wirst mit nichts zufrieden sein, und deine innere Unruhe wird dich weiter und weitertragen, denn du sehnst dich zu dir und deinem reinen Sein zurück. Du sehnst dich danach, in Einklang zu sein mit Allem-was-ist.

Und wenn es so für dich ist, dann lies, was ich nun zu den Zahlen zu sagen habe. Wende es für dich an, soweit es für dich gut ist und es dir Freude macht. Und lass deinen Kopf soweit mitgehen, wie er mag. Aber mache auch das nicht zu deinem neuen Gebet.

Gehe weiter und weiter, bleibe in Liebe mit Gaia verbunden und sei ein Tor aus Licht und Liebe.

Die Zahlen

Die Null

Beginnen wir mit der Null. Nichts. Keine Form. Und doch ist etwas vorhanden. Die Formlosigkeit, reine Energie. Woraus besteht das Nichts, woraus besteht die Formlosigkeit. Woraus besteht ein Atom? Denn ein Atom ist nicht mehr nichts. Und doch kommt es aus der Formlosigkeit, aus der es sich formte.

Die Null ist die Liebe, die Schöpfung, das nicht Sichtbare, die Leere, das Große Ganze, das sich an manchen Stellen im Universum verdichtet hat zu sichtbarer Materie. Wandert dein Blick von der Erde aus hinaus in das Universum und deine Augen beginnen, sich auf einen Stern zu konzentrieren, der dort draußen in der Dunkelheit leuchtet, hast du durch die Null geschaut, durch die Leere, durch die Formlosigkeit, die deine Augen nicht erfassen können, da sie selbst verdichtete Schwingung, sprich Materie sind.

Bei der Null ist noch nichts vorhanden, aber alles möglich. Ganz so, wie du es dir erschaffen und kreieren willst.

Die Null ist frei von Vergangenheit und Zukunft, sie ist.

Ihre Form ist oval, ohne Ecken und Kanten und ohne Haken und Ösen; sie ist alles, und sie ist nichts. Alles, was erschaffen wird aus dem unendlichen Kosmos, beginnt mit fließenden, runden Formen, und erst mehrere runde und fließende Formen, die sich begegnen und übereinanderliegen, ergeben dann Ecken und Kanten.

Ein Nichts gibt es nicht, und je tiefer ihr in das Mysterium des Nichts kommt, desto näher kommt ihr der unendlichen Schöpfer/innenkraft. Nichts bedeutet aus eurer dreidimensionalen Sichtweise nur, dass es keine Form hat, die eurer Dimension angepasst ist. Die Zahlen sind neutral, denke daran. Sie schaffen in deinem Kopf Wertungen und Begrenzungen, und so kannst du erfahren, was die Zahlen mit dir machen und aus dir gemacht haben. Nichts können sie machen mit deinem spirituellen Selbst, denn dein spirituelles Selbst hat keine Beziehung zu Zahlen. Dein Spirit ist reines Sein, reine Göttlichkeit.

Es ist dein alltägliches Selbst und dein Körperselbst, die auf die Zahlen und die antrainierten Werte reagieren. Und schau, ob Zahlen dich weit oder eng machen. Nimm eine Eins und verbinde sie mit einer Null, und schon hast du mehr, und je mehr Nullen du daranfügst, desto mehr erscheint es dir, desto mehr ist es in der materialisierten Schöpfung. Und doch bleibt die Eins eine Eins.

Ach ja, und da kommen wir zu den Zahlen, mit denen ihr die Dimensionen belegt habt. Ihr wollt von der Drei zur Fünf? Oder zur Elf?

Warum sind diese Zahlen so wichtig für dich, für euch? Warum braucht ihr schon wieder neue Zahlen? Vielleicht, um den spirituellen Ehrgeiz zu füttern? Und mit jeder dieser Zahlen entfernst du dich von der Null, denn du versuchst eine Form für deine Ratio zu erschaffen? Warum?

Wie ist es für dich, wenn wir sagen würden, ihr wärt in der Zwölften Dimension und geht in die Erste? Würdest du dich dann abgewertet oder bestraft fühlen?

Vielleicht genügt es ja zu sagen, wir sind einfach in einer anderen Dimension und entscheiden nach dem eigenen Willen, wann du uns siehst oder spürst. Und nun kannst du den eigenen Willen gleich der Eins zuordnen, und weiter geht es mit den Zahlen.

Hast du den Mut, eine Null zu sein? Hast du den Mut, ein energetisches Wesen zu sein aus reiner Schöpfer/innenkraft?

Solltest du den Mut aufbringen, dieses sein zu können und dich herauszulösen aus all den Zahlen, dann gehst du wirklich in deine Schöpferkraft und hörst auf, dir selbst die Fallen deines Egos und deines alltäglichen Selbst zu stellen.

Dann löst du dich daraus, etwas beweisen zu müssen durch dein Sein – denn dann bist du. Du bist nicht so und nicht so und auch nicht anders. Du bist!

Was ist mit all den Menschen, die immer „mehrdimensional" wahrgenommen haben und verspottet und verhöhnt worden sind in der Menschheitsgeschichte?

Was ist mit all den unendlich Weisen, die es immer gegeben hat, die nichts anderes sind und waren und immer sein werden als reines göttliches Bewusstsein?

Du giltst als klug, wenn du dich mit Zahlen beschäftigst und mit Zahlen um dich wirfst; aber schau doch einmal, wer dich als klug bezeichnet? Und schau genau hin, warum du so bezeichnet wirst und was die oder der, die dich als klug bezeichnen, damit erreichen wollen, dass sie dich als klug bezeichnen.

„Tue dort Gutes, wo du bist, dann hast du wohlgetan."

Nimm diesen Satz ernst und, wenn du magst, auch als Maßstab für dein Handeln und dein Leben.

Habe den Mut, eine Null zu sein, die niemand beachtet, die nicht berühmt ist, und die auch nicht mit den Zahlen aufwarten kann, die der Zeitgeist im Moment als wichtig erachtet. Schaue direkt vor deine Füße, wie sieht es da aus? Hebe deinen Blick und schaue dich um, wo du gerade bist. Wie sieht es da aus?

Und nun frage dich, dich ganz alleine, warum es da so aussieht, und warum du es so siehst? Was spiegelt sich dir vor deinen Augen?

Du schaust auf eine Weltkarte? Oh, ja, ihr habt sie aufgeteilt, diese wunderbare Schöpfung, in Längen- und Breitengrade und sie in Zahlen aufgeteilt; ihr habt Wege gesucht, das Mysterium zu ergründen und zu sortieren nach Zahlen, und so habt ihr eure Wertigkeiten erschaffen – aber eben nur eure.

Ihr seid nicht bereit, eine Null zu sein und die Augen zu öffnen für das Mysterium, das diese Schöpfung ist. Und wie die Weltkarte in Längen- und Breitengrade aufgeteilt ist, habt auch ihr euch aufgeteilt in Längen- und Breitengrade.

Und würdet ihr eure spirituelle Wahrnehmungsfähigkeit öffnen, wüsstet ihr nichts mehr von Längen- und Breitengraden und nichts mehr von den Zahlen, und von ganz alleine wärt ihr Nullen – reine Schöpferkraft, reines Sein.

Zahlen sind eure Versuche, das Mysterium zu erfassen, und vieles habt ihr erschaffen und geschaffen durch die Zahlen –, und doch wird jede Zahl, die dir wichtig erscheint, dich einengen und trennen aus deiner Schöpfer/innenkraft.

Alles, was ich jetzt zu den weiteren Zahlen sage, ist Manifestation aus der Unendlichkeit, die ihre erste Grenze oder Lösung aus der Null heraus findet.

Die Eins

Alles ist eins, was sagt dir dieser Satz? Alles hat einen Anfang und ein Ende, bevor es wieder eingeht in die Unendlichkeit, einen Anfang und ein Ende, und da hast du die Ein-s. Eins ist die erste Manifestation der reinen Schöpfer/innenkraft, sie entsteht aus der Formlosigkeit und gibt dieser eine Form. In den Geschichten aus allen Kulturen beginnt alles mit der Eins, das Erste wird erschaffen, um sich dann zu mehren und um wieder einzugehen in die Null und die Unendlichkeit. Zuerst muss immer Eins da sein, aus dem Weiteres entstehen kann. Dein Wunsch ist dann, aus Eins mehr zu machen, denn dieses Mehr gibt dir Sicherheit. Was für eine Sicherheit ist das? Was möchtest du mehren, welche Sicherheit brauchst du?

Mehrst und erschaffst du aus einer Angst heraus, vielleicht sogar aus einer Todesangst heraus? Die Angst vor der Vergänglichkeit, die eine Illusion ist, denn du kannst nicht vergehen. Du kannst dich transformieren, aber du kannst nicht vergehen.

Hast du davor Angst? Dann hast du dein Spirit verloren auf deiner langen Reise, und ich würde dich bitten, gleich mit der Eins anzufangen und dich als spirituelles Wesen in Gestalt eines Menschen neu zu erschaffen.

Streife ab, was dich daran hindert, und erlaube dir einmal für einen Moment, eine reine Null zu sein. Alles löst sich, fließt fort – du bist vollkommen losgelöst und frei. Hab keine Angst, du bleibst immer noch du, aber gehe immer mal wieder in die Null und lass alles los. Es geht ganz leicht, wenn du es wirklich willst. Und wenn du frei schwebst und vollkommen losgelöst bist, dann erschaffe dich neu; gehe in die Eins, nimm die Liebe Gaias und meine Liebe mit hinein und erschaffe dich neu als spirituelles Wesen, das du wirklich bist.

Öffne deine Augen und schau direkt auf das, was du siehst, mit den Augen dieser großen Liebe. Lass sie aus deinen Augen strahlen und lass alles in den Farben der Liebe erstrahlen. Und so hast du erschaffen, bist zu reiner Schöpferkraft geworden, zu reinem Sein. Aufgehoben und geborgen in und mit Gaia.

Hast du mehrfach eine Eins in deinem Geburtsdatum, dann dürfte es dir leichtfallen, dich dieser kleinen Übung hinzugeben und dich immer wieder an dein reines Sein zu erinnern.

Betrachte alle Zahlen einmal aus der Perspektive, die du bereits hast, die bereits in den Zahlen, die für dich wichtig sind, vorhanden sind. Und dann schau, welche Zahlen dir fehlen, welche Zahlen so gar nicht in deinem Leben und deinem Sein vorhanden sind, oder gegen welche du eine Abneigung hast. Und dann setz dich mit genau diesen Zahlen auseinander, denn sie geben dir Aufschluss darüber, was du lernen darfst und kannst, und auch darüber, wo deine Aufgaben liegen.

Wenn du damit beginnst zu schauen, welche Zahlen dir fehlen und somit Hinweise für dich enthalten, wirst du sicherlich ziemlich viel Energie dort hineingeben. Und das ist richtig so für die Zeit, die es dauert. Und du wirst wissen, wann du die Themen der ersten fehlenden Zahl in dein Sein integriert hast, und dann lass los und wende dich der nächsten fehlenden Zahl zu. Es kann auch sein, dass du bemerkst, dass du die Themen der fehlenden Zahlen bereits in deinem jetzigen Leben integriert hast, und dann freue dich darüber, danke dir dafür und gehe weiter.

Sei dir sicher, du wirst spüren, welche Zahlen für dich wichtig sind, und nimm dich dabei liebevoll wahr.

Nutze den Umgang und deine Erfahrungen mit den Zahlen, frei von Strenge und Wertung, und so kannst du leicht in eine fließendere Form kommen und dich aus alten Strukturen lösen.

Die Zwei

Gehe zu einem Spiegel und schau hinein. Eben noch warst du eine Eins, und nun bist du eine Zwei. Als Eins schaust du aus dir heraus, die Zwei findest du in deinem Gegenüber. Die Eins ist all-eine, die Zwei nicht mehr. Die Eins hat sich verdoppelt, und es wurde eine Zwei daraus. Was machst du mit der Zwei? Was fällt dir ein zu der Zwei?

Ein Gegenüber gibt dir die Möglichkeit der Projektion; es gibt dir die Möglichkeit, dich aus dir selbst zu lösen.

Eben noch warst du all-ein mit dem Göttlichen, doch nun erfährst du dich als Teil des Göttlichen, denn es gibt eine Zwei.

Die Zwei ist nicht du und auch nicht wie du, und doch ist sie göttlich. Gibt es keine Zwei, die du nutzen kannst, wie es dir richtig scheint, bist du all-eins.

Du entfaltest dich aus dir heraus, bist unbefangen und unbelastet dir gegenüber wie ein göttliches Kind. Du siehst dich nicht von außen, es sei denn, du schaust in einen Spiegel.

Und nun begegnet dir die Zwei und gibt dir eine wunderbare Gelegenheit: Du darfst wachsen und dich entfalten in der Resonanz zu der Zwei.

Du darfst beginnen, dich kennenzulernen als Mensch, der du bist. Die Zwei wird dir Grenzen setzen oder dich lehren, damit du deine selbst gesetzten Grenzen erweitern kannst. Die Zwei, die Dualität, wird dir helfen, an dein Potenzial zu kommen und dich selbst zu erkennen.

Lass dich ein auf die Zwei und erlaube ihr, dich zu entfalten, und seid ihr in der Liebe zueinander, entfaltet euch miteinander.

Die Zwei wird dich beunruhigen und aufrütteln, aber ohne die Zwei wirst du nie erfahren, welch wunderbares Potenzial in dir schlummert und sich entfalten möchte.

Dann empfindest du Dualität, das andere, was dir begegnet, ist für dich das Dual. Dualität ist nicht männlich oder weiblich, denn beides ist vollkommen aus sich heraus. Doch es ist kein Dual zu dir, und so löse dich von dem Wort der Dualität und aus der Getrenntheit.

Du bist in der Dualität, weil dir etwas begegnet, was nicht du ist, jedoch auf der spirituellen Ebene eben doch du ist.

Und nun verstehe, auch wir Meisterinnen und Meister

sind aus deiner Sicht in der Dualität, und deine tiefe Verbindung zu einem von uns sagt dir viel über dich. Doch es gibt keine Dualität, wie ihr versucht, sie zu interpretieren. Die Dinge stehen sich nicht als Duale gegenüber, sie schwingen miteinander.

Die Dualität trennt nicht, sie ist. Fühlst du dich getrennt, schau nach, warum du dich so fühlst und was dir wirklich fehlt. Und wirkt das Wort „Dualität" auf dich trennend, so verabschiede dich von diesem Wort und der Wirkung dieses Wortes und lass dich ein.

Die Zwei ist etwas wie ein Schlüssel, ein Kode. Sie bildet eine Einheit aus etwas, das mehr ist als die Eins, aber noch keine Drei.

Die Zwei sind zum Beispiel die beiden Endpunkte einer Linie – du gehst auf dieser Linie von einem Punkt zum anderen. Immer wieder tust du das, bis du bereit bist, dich von dieser Linie zu lösen und dich in einen kreativen Fluss zu begeben.

Dann beginnst du, dich auf einer selbst gestalteten Linie zu bewegen, die selbst du nicht vorher kennst. Dann beginnst du, dich zu entfalten.

Die alte Linie mag dir Sicherheit geben, aber sie lässt keine neue Entwicklung zu, vielleicht eine kleine Veränderung.

Stell dir dein Leben als eine Linie vor, auf der du stehst und gehst. Zeichne dir eine Linie auf, gehe auf ihr hin und her und dann – tritt einen Schritt beiseite, neben die Linie.

Nun schau auf deine Linie und achte auf alle Gefühle, die aufsteigen.

Die Drei

Eine „heilige" Zahl, die viele Interpretationen erhalten hat im Laufe der Menschheitsgeschichte.

Je nach Kulturkreis und Religionszugehörigkeit ist sie benannt worden mit verschiedenen Begriffen. Eigentlich ist sie nur eine Abfolge, und natürlich weist sie darauf hin, dass aus zwei Menschen, die sich körperlich lieben, ein dritter Mensch entstehen kann.

Der dritte Mensch, der dann entsteht, weil zwei vollkommene göttliche Wesen sich miteinander verbunden haben, kommt aus einer anderen Dimension und hat sich entschieden, die Erfahrung des Menschseins zu machen.

Welch eine Möglichkeit, dieser Seele aus einer anderen Dimension zu zeigen und sie zu lehren, was Menschsein bedeutet.

Und ist nun eine Drei hinzugekommen, erleben die beiden Einsen, was es heißt, sich auf die Zukunft einzulassen. Auf eine Zeit, die ihre eigene Lebensspanne übersteigt und die einen größeren Kontext hat, als der eigene ist.

Die Drei ist genauso autonom wie die Eins und die Zwei und bekommt eine Definition durch die Mehrheit. Aus der Drei heraus zeigt sich vieles, und vieles kann sich entwickeln. Eine Chance, eine Hoffnung, eine Angst – alles ist möglich. Und so zeigt dir die Drei, was du hast für die Zukunft Gaias und die der Menschheit und was du dir wünscht für die Schöpfung, und so gibt die Drei dir die Möglichkeit, zu einer Regenbogenbrücke zu werden. Eine Regenbogenbrücke, die weit über die Generationen reicht.

Und so wird die Drei dich zur Eins zurückbringen, denn über das All-eins-Sein wirst du die Antworten finden für dein Sein als Regenbogenbrücke.

Aus der Eins wird etwas Größeres, als du all-eine warst, und so erinnerst du dich an die Null und gehst über Meditation und Gebet zu deinem Ursprung, deinem reinen Sein, beginnst, um Hilfe und Antwort zu bitten und öffnest dich für dein spirituelles Selbst, dein spirituelles Sein.

Wurde aus der Eins eine Zwei, die sich wiederfindet im Gegenüber, vergrößert die Drei alles und fordert das

Wachstum über all die Grenzen hinaus, die die Eins und die Zwei für sich gefunden haben.

Schau dir all die Beispiele der Dreiecke an; das Dreieck mit der Spitze nach oben symbolisiert für dich das männlich Göttliche, und das Dreieck mit der Spitze nach unten symbolisiert für dich das weiblich Göttliche. Und sind beide ineinander geschoben, entsteht ein Hexagramm.

Und nun stell dir vor, du selbst bestehst aus diesen beiden Dreiecken, eine Spitze weist nach oben, und eine Spitze weist nach unten.

Und nun schiebe sie beide auseinander, bis die Spitze des unteren Dreiecks in deinem Erdchakra und die Spitze des oberen Dreiecks bei deinem Tempelchakra ankommt.

Spiele damit, schiebe sie durch die Kraft deiner Gedanken zusammen und wieder auseinander und achte darauf, wie dein Lichtkörper reagiert.

Fühlst du dich sicher in den beiden Dreiecken, oder fühlst du dich frei ohne die beiden Dreiecke und fest verankert zwischen deinem Erd- und deinem Tempelchakra?

Spiele mit den geometrischen Formen und nimm ihre Wirkung auf deine Lichtkörper wahr; sei deine eigene Meisterin, dein eigener Meister, und übe, bewusst mit diesen Formen umzugehen.

Und erinnere dich, jede geometrische Form hat Ecken und Grenzen, jede fließende Form kann diese Grenzen erweitern.

Oft habt ihr das Thema der „Dreiecksbeziehungen", und stehst du zwischen den beiden Polen, bekommst du die Möglichkeit, dich über sie hinaus zu entwickeln.

Stell dir einmal vor, du stehst zwischen zwei Menschen, die sich streiten. Nun kannst du dich ständig zwischen ihnen hin und her bewegen, du kannst „nach unten" oder „nach oben" gehen.

Diese zwei Menschen geben dir die Möglichkeit, dich über sie hinaus zu entwickeln. Danke ihnen dafür und geh weiter deinen Weg.

Die Vier

Die vier Säulen der Materie, die vier Elemente, die vier Kräfte. Die Vier ist die Zahl der Erde, der festen Materie.

Die Vier, erschafft aus der Null, aus der Schöpfer/innenkraft. Mit der Vier wird es stabil, sichtbar und greifbar.

Ist die Drei die Zahl, die zeigt, dass etwas aus der Zwei entstanden ist, wird es in der Vier materialisiert.

War alles vorher ein fließender Prozess, bekommt nun alles Bestand für die Zeit, die es dauert. Die Vier ist fest verankert und verbunden, die Vier hält die Materie zusammen.

In der Vier ist zweimal die Priester/innenkraft enthalten, und schau dich um auf Gaia: Diese große Kraft Gaias, die ihren Ausdruck findet in den Elementen, ist wahrhafte Priester/innenkraft. In ihrer unendlichen Liebe zu all ihren Geschöpfen stellt sie dir alles zur Verfügung; und erinnere dich, sie ist ein kontemplativer Planet, auf dem du dich erfahren und kennenlernen darfst durch alles, was dir auf Gaia begegnet.

Gönne es dir, dich voller Freude an einen Ort in der freien Natur zu begeben, den du sehr magst, öffne deine spirituellen Sinne und lass die Zeit verstreichen. Das tut sie von ganz alleine. Sei offen für alles, was zu dir kommt, auf dich zukommt. Halte nichts fest und versuche, nichts zu kontrollieren. Nimm nur dich wahr mit all deinen Sinnen, in der Resonanz zu allem, was du siehst, fühlst, schmeckst und hörst.

Und lass diese Zeit später noch einmal durchlaufen auf deiner inneren Leinwand und nimm nun wahr, was du wahrgenommen hast. Welche deiner Sinne waren am aktivsten, haben am genauesten und feinsten wahrgenommen? Was hast du gefühlt in der freien Natur, welche Eindrücke haben sich dir eingeprägt?

Welche Elemente haben dich am stärksten beeindruckt, welche Geräusche?
Warst du angespannt, oder warst du entspannt?

Und lernst du, Gaia zu lieben und ihre Kräfte zu schätzen, beginnst du die Vier zu verstehen und zu leben. Dein Spirit kann etwas erschaffen, zur Freude und zur Lebendigkeit der Schöpfung, die göttlich ist.

Die Vier kann etwas halten und tragen, sie ist stabil und stark. Hast du eine schöne Verbindung zu der Vier, dann lerne und lebe mit den Elementen und erfreue dich an der Göttlichkeit der Schöpfung, in der du bist, und Gaia wird dir geben, was immer du brauchst. In ihrer unendlichen Liebe.

Die Vier ist viermal eine Eins, die zu einer Vier werden, weil sie miteinander verbunden sind. Und sie können ganz klare Ecken und gerade Linien haben, aber sie können auch gerundet sein und weich zusammentreffen.

Bist du in Harmonie mit der Vier, dann bist du in Harmonie mit deinem Leben im Hier und Jetzt, und dann kannst du beginnen, dich der Fünf zuzuwenden.

Und erschaffst du aus der Harmonie der Vier dann stellst du die fünfte Säule.

Die Fünf

Du bist aus der Formlosigkeit in die Form der Null gewandert, um dann zu einer Eins zu werden, einer Persönlichkeit, die sich mit dem auseinandersetzt und lernt, damit umzugehen, was sie umgibt.

Hast du die Eins noch nicht bewältigt, hole es nach, denn du solltest den Tanz der Elemente verstehen; er wird sich auch in der neuen Energie weiterbewegen.

Du bist der Zwei begegnet, wurdest mehr, als du bisher dachtest, und hast gelernt zu unterscheiden. Die Differenzierung beginnt in der Begegnung, in der Zwei. Wer ist „ich", und wer ist „du"?

Mehr und mehr kam auf dich zu, und auch damit lerntest du umzugehen. Und oft begegnete dir die Drei; sie begegnet dir nicht nur in den beiden Dreiecken, die ihr Menschen mit dem göttlichen Prinzip in Verbindung bringt. Sie begegnet dir überall im Leben, denn auch du kennst sicherlich genug Situationen, in denen dich das Gefühl beschleicht, zwischen den Stühlen zu sitzen.

Meistens hast du dann zwischen zwei Stühlen gesessen. Das fühlt sich nicht gut an, aber wenn du noch einmal hinschaust, wirst du erkennen, dass du daraus unendlich viel gelernt hast. Und du selbst warst sozusagen die Drei.

Du bist weitergegangen, hast gelernt und dich entwickelt und mit deinem wachsenden Erfahrungsschatz begonnen, deine eigenen Regeln aufzustellen. Du hast dich mit der Vier auseinandergesetzt, gelernt, deine eigenen Grenzen zu bestimmen und dir deine Welt aufgebaut, deine Realität.

Und wanderst du nun weiter in die Fünf, dann beginnst du, dich Spirit zuzuwenden. Dein Kronenchakra öffnet sich, und deine Verbindung zu deinem spirituellen Selbst, deinem höheren Selbst, wird immer besser.

Denke einmal an die Neun, die Zahl der kosmischen Vollendung; sie besteht aus der Vier und aus der Fünf, denn sie hat beides integriert. Sie ist sicher in ihrem Raum und in sich selbst und vollkommen verbunden.

Die Fünf gibt dir die Möglichkeit, ein kosmisches Verständnis für größere Zusammenhänge und Themen zu entwickeln, als es dir bisher möglich war.

Hast du als Kind dir erst einmal die Bewältigung der Körperlichkeit und der Materie erarbeitet, ist das alles irgendwann für dich eine Selbstverständlichkeit geworden und du strebst weiter.

Die fünfte Säule steht in der Mitte der vier Säulen und transportiert die kosmische Energie in die materielle Verwirklichung mit Hilfe der Elemente.

Die Fünf steht im kosmischen Licht, und bewegt sich um sie herum das Element Luft, ist sie inspiriert, dieses Element für sich zu nutzen und kann es auch tun.

Und je liebevoller und vollendeter sich ein Mensch, der die Themen der Fünf in sich auf eine erleuchtete und mitfühlende Art und Weise erkannt und geklärt hat, mit diesen Kräften umgeht, desto leichter wird er den Weg in die Sechs antreten können.

Die Sechs

In der Sechs ist zweimal die Drei enthalten, und das kannst du gerne in alle dir möglichen Richtungen bewegen und kombinieren.

Ich möchte dich gerne darauf hinweisen, dass du hier durchaus zwei Dreiecke hast, und wie ich bereits an anderer Stelle sagte, ist es schön, wenn du diese auseinanderschieben und dich in deiner strahlenden und fließenden Lichtgestalt wahrnehmen kannst.

Gehe nun nicht davon aus, dass du in der Sechs zwischen zweimal drei Stühlen sitzt, wobei auch das nicht unmöglich wäre.

Dann bist du wirklich gefordert, und ich nehme an, dass du gerade in einer Lebensphase bist, in der du das

Gefühl hast, alles um dich herum würde sich irgendwie auflösen. Auch das ist möglich, und hier hast du wieder das Thema des Sich-Lösens.

In der Zahl Sechs ist alles möglich, die beiden Dreiecke können eng zusammengeschoben werden, und du kannst dich entscheiden, dich klein und unauffällig zu machen und ständig sichernd in alle Richtungen zu schauen.

Du kannst dich in der Sechs auch entscheiden, dich zu entfalten, die Dreiecke auseinanderzuschieben, und beginnen, mit den Zahlen zu spielen.

Eine Zahl ist eben „nur" eine Zahl, du hast immer die freie Wahl.

Fordert der Zyklus der Sechs dich heraus, bist du gefordert, auf allen Ebenen Welten miteinander zu verbinden, und gelingt es dir, die Göttin mit ihrem Gott zu verbinden und dich aus der Dualität deiner Bewertungen zu lösen, dann lebst du die Sechs in spirituellster Form.

Die Sechs stellt einen kosmischen Ausgleich der Energien her, sie ist fordernd und anstrengend, und im spirituellen Sinne ist sie gesegnet.

Die Sieben

Nach den Segnungen der Sechs folgt die Sieben, die sich aus einer Vier und einer Drei zusammensetzt.

Die Sieben findest du überall wieder, bei den Wochentagen, bei den alten Planeten und auch bei den sieben Hemmungen.

Die Sieben symbolisiert die kosmische und menschliche Ordnung, die im Laufe einer langen Zeit entstanden ist und ein wunderbares Gerüst für die Entwicklung der Menschheit als Ganzes ist und war.

Bei allen Völkern und auf allen Kontinenten hat die spirituelle Verbundenheit immer eine Rolle gespielt, ein natürliches Sehnen nach der eigenen Seele, dem eigenen Ursprung. Und so gab und gibt es spirituelle Gerüste aller Art, die immer eine wichtige Rolle gespielt haben.

Und ist die Sieben eine wichtige Zahl für dich, so hast du immer wieder mitgespielt bei der Suche nach der spirituellen Heimat und immer wieder Wege gefunden, den Kontakt zu den Kräften des Lichts herzustellen.

Die Sieben weist darauf hin, dass etwas in die Materie gebracht werden kann, das aus den göttlichen Sphären gesandt wird.

Die Sieben fordert oft persönlichen Verzicht zur Erhaltung einer Struktur, die sich bewährt hat, und sie öffnet die Zugänge zu den kosmischen Weiten.

Strukturen sind wichtig, Fundamente sind wichtig, damit Entwicklung stattfinden kann. Natürlich findet Entwicklung auch in der Veränderung statt, und oft ist die Veränderung notwendig, damit später eine spirituelle Entwicklung einsetzen kann.

Erinnere dich, dass alle Kulturen immer wieder nach Orten geschaut haben, an denen sie „sesshaft" werden konnten, um Tempel und Gebetsorte zu errichten.

In der Sieben sind die Herausforderungen der Sechs bewältigt worden und die herrschende Struktur ermöglicht den Aufbau des „inneren Tempels".

Die Acht

Die Lemniskate, zwei Kreise oder Ovale, die aneinandergrenzen und dadurch miteinander verbunden sind.

Sie werden verbunden durch eine Linie, die die Energie des einen Kreises in den anderen trägt.

Ob sie die Energien in beide Kreise trägt, entscheidest du, wenn du mit der Acht zu tun hast. Lässt du die Kreise getrennt oder verbindest du sie?

Dein freier Wille überlässt dir die Entscheidung.

Stell dir vor, du hast hier ein Umfeld und dort ein anderes. Du wechselst deine Masken, wenn du welche hast, während du dich zwischen diesen Kreisen hin und herbewegst. Verbindest du nun die beiden Kreise miteinander oder hältst du sie strikt getrennt?

Sind dir Verbindungen zwischen diesen Kreisen angenehm, oder entscheidest du dich nur für einen der Kreise?

Die Lemniskate möchte dir sagen, dass alles miteinander verbunden ist und Energien fließend sind und in ständiger Bewegung. Und in der Acht ist zweimal die Vier enthalten, und vielleicht verstehst du, dass die Lemniskate ein Symbol ist, das verbindet und dich zu deiner Ganzheit führen kann.

Eine Acht bleibt immer eine Acht; drehe sie um, und sie bleibt eine Acht. Und auch hier bedenke, dass eine geschlossene Form Energien binden kann, und zeichnest du dir die Lemniskate auf deinen Körper, dann fülle sie mit Licht und zeichne viele Achten, die in der Mitte aufeinanderliegen – und du bekommst eine Blütenform.

Genieße die Acht, spiele mit ihr und schau, wie du dich am wohlsten damit fühlst.

Die Neun

Die letzte Zahl in der Zahlenreihe, die Zahl, die sich immer in sich selbst wiederholt.

Die Neun ist verbunden mit dem Christusbewusstsein, mit dem gelösten Bewusst-sein aus dem Ego.

Die Neun enthält die Vier und die Fünf; sie hat die Themen und Herausforderungen dieser Zahlen bemeistert und ist ihr innerer Meister oder ihre innere Meisterin geworden.

Sie ist frei und kann sich lösen aus jeder Gebundenheit an die Materie, um voller Liebe und Freude wieder in sie einzukehren und wiedergeboren zu werden.

Sie ist vertraut mit den Dimensionen und der unendlichen Weite des Kosmos und mit ihrer Schöpferkraft.

Die Neun enthält das Wissen und die Weisheit, dass alles Ursache und Wirkung ist und die Zukunft nicht festgeschrieben ist, aber gestaltet werden kann.

Die Neun fordert dich auf, die Zukunft der Schöpfung mitzugestalten und deinen inneren Meister/deine innere Meisterin zu entwickeln und zu leben und so einen Weg aus Licht in die Zukunft zu bereiten.

Die Neun schaut weit nach vorne und bringt das, was sie sieht, mit in das Jetzt, um es zu verändern und so die Zukunft der Formlosigkeit zu entheben und sie zu erfüllen mit dem meisterlichen Licht, das sie ist.

Und so bereitet sie Strahlen aus Licht, die für alle den Weg erleuchten, die nach ihr kommen und auf diesen Strahlen gehen können.

Schau auf deine Daten, die dich in deinem Leben begleiten, und schau auf die Zahlen, die sich in deinem Leben immer wieder ergeben, die du sicherlich schon gut kennst und über die du schon viel gelesen und nachgedacht hast.

Und dann schau nach den Zahlen, die in deinem Leben nie wichtig waren oder eine Rolle gespielt haben, und prüfe genau diese Zahlen.

Viel Aufschluss kannst du bekommen, wenn du dir die Jahreszahlen anschaust, die gerade gültig sind.

Und so nimm auch gerne deinen letzten Geburtstag mit Jahreszahl und setz dich mit diesen Zahlen auseinander; berechne die Quintessenz aus diesen Zahlen und lies dann nach, was das Jahr für dich bedeutet und welche Entwicklung auf deinem Lebensweg liegt.

Tue dieses alles, so lange es dir Freude macht. Aber

achte darauf, dass es dich nicht einschränkt in deinem Sein und in deiner Entwicklung.

Dein spirituelles Selbst, dein innerer Meister, deine innere Meisterin, sind wunderbare Begleiter in dieser Zeit der Veränderung. Ist dein Denken ständig damit beschäftigt, etwas über die Zahlen herauszufinden, engst du dich ein, und oft verstehst du die Wege, die du gegangen bist, erst lange Zeit danach.

Erlaube deinem inneren Meister, deiner inneren Meisterin, dich zu führen durch diese Veränderungen und übe dich im Vertrauen.

Gaia selbst verändert sich, die Mineralien verändern sich, und auch der Kosmos verändert sich.

Was lange Zeit verlässlich in deinem Inneren auf allen Ebenen voneinander getrennt war, wird in dieser Zeit miteinander verwoben und verbunden.

Die Aufhebung der Trennung findet innen und außen, oben und unten statt, und so gehst du mit in dieser Entwicklung und veränderst dich.

Waren die unterschiedlichen Bereiche deines Kopfes verlässlich voneinander getrennt und die Funktion deiner Sinnesorgane wohlsortiert, beginnen diese, durch all die feinen Verbindungen miteinander zu kommunizieren.

Erreicht ein visueller Eindruck deine Augen, stellt sich schnell auch der dazugehörige Geruch ein; dringt ein bestimmter Geruch in deine Nase, hast du ebenso schnell den entsprechenden Geschmack im Mund.

Immer mehr wirst du ganzkörperlich wahrnehmen, denn je mehr du verbunden bist mit deinem ganzen Sein, desto feiner wird dein Nervensystem sich verflechten, und so näherst du dich immer mehr der spirituellen Wahrnehmung an, die auch eine mehrdimensionale ist.

Die Kinder der heutigen Zeit werden oft schon so geboren, dass ihre Sinnesorgane nicht mehr getrennt voneinander arbeiten. Sie sind aurasichtig, telepathisch, hellsichtig, hellfühlend und hellhörend.

Sie haben als Wahrnehmung bereits eine andere Matrix entwickelt, und diese Matrix ihres Seins bedarf einer Grundlage im menschlichen Leben.

Ihre Nervensysteme arbeiten intensiv, um diese Arten der Wahrnehmung miteinander zu verbinden und einzuordnen, und so wird sich die Frage, ob das eigene Gefühl zutreffend ist, für sie nicht mehr stellen.

Sie sind stark verbunden mit ihrem multidimensionalen Selbst und den Kräften des Lichts, und möchtest du ihnen helfen auf ihrem Weg, dann öffne deine außerkörperlichen Sinne.

Beschränkst du dich im Umgang mit ihnen auf deine rein körperlichen Sinnesorgane, wirst du nicht folgen können oder sie einfach nicht verstehen.

Sie weisen oft angeblich Sprachstörungen auf oder gelten als dumm und entwicklungsverzögert, dabei kommunizieren sie, auch mit dir, auf telepathische Art und Weise.

Und sie prüfen mit jedem Blick deine Wahrhaftigkeit und dein Sein.

Lehre die Kinder, in der menschlichen Sprache zu kommunizieren, sich auszudrücken und zu formulieren, was sie wollen und meinen. Behindere die Kinder nicht durch Verbote und Einschränkungen und beziehe immer wieder dein spirituelles Selbst und deine außerkörperliche Wahrnehmung mit ein.

Das Abwerten und ständige Korrigieren dieser sechsten Wahrnehmung zwingt die Kinder in die allgemeine und derzeit gültige Matrix und in die Matrix, in der die Herkunftsfamilie ihr Fundament hat. Und können die Kinder damit nicht in Harmonie sein, werden sie sich verschließen.

Sie werden dem folgen, was sie wahrnehmen, und sie werden kritische und bewusste Fragen stellen. Und sie werden die Dinge miteinander in Verbindung bringen.

Und erhalten sie keine Antworten, wird das nicht ihr Selbstbewusstsein schmälern, doch wird es eine klare Sortierung in ihnen wachrufen, und diese Sortierung betrifft die Menschheit.

Bekommt ein hoch entwickeltes Kind das sichere Gefühl, nicht angenommen zu werden in der menschlichen Gemeinschaft, wird es diese loslassen und eine ganz eigene Sichtweise des Seins entwickeln, in der liebevolle und soziale Bindungen nicht vorgesehen sind. Gerade für diese Kinder ist eine soziale Bindung umso wichtiger, damit sie lernen dürfen, sich auch emotional einzulassen.

Die absolute Klarheit, mit der diese Kinder alles um sich herum wahrnehmen, und ihre spirituelle Anbindung sind ein Geschenk, und dieses Geschenk sollte dankbar von allen angenommen werden, denen diese Kinder begegnen.

Sie sehen sehr genau hin und legen den Finger in die Wunden der Gesellschaft, in der sie leben.

Und bist du bereit, all diesen Kindern in dem Licht zu begegnen, das du bist, so werden sie es erkennen, und tief in sich werden sie wissen, dass sie als Mensch gewordenes Lichtwesen nicht alleine sind.

Diese Kinder reichen dir die Hand, nehmen dich mit aus deiner Matrix, die du derzeit nährst und lebst, und können dir helfen, dein Bewusstsein zu erweitern, dich selbst zu reflektieren und weiter mit deinem spirituellen Selbst zusammenzuwachsen.

Und so wächst du mit ihnen hinein in den ganzen Lichtkörper, der du bist und der ihr seid.

Und so nimm dir die Neun und baue eine Regenbogenbrücke aus Licht und Farben und aus Freude und Frieden für die Zukunft Gaias, die genau hier und jetzt beginnt und ihre Basis hat, und für alle Kinder in Gaias Schöpfung, die auch deine Zukunft und deine Schöpfung sind.

Die Meisterinnen und Meister begleiten dich und Gaia auf diesem kosmischen Weg in das spirituelle Sein, das du bist, und die Erde auf ihrem Weg in ihr spirituelles Sein, das Gaia ist.

Meisterliches Sein

Stell dir einmal die gesamte Energie der Aufgestiegenen Meister/innen vor wie ein großes prächtiges Spektrum aus Licht und Farben.

Du kannst es dir vorstellen wie einen Fächer in vielen verschiedenen Farben, jede Farbe stellt eine Energie, eine Kraft dar, die auf dich und die gesamte Schöpfung wirkt.

Spiele mit diesen Farben, genieße sie, ziehe sie in deinen Körper und nimm sie auf. Es ist vollkommen gleich, durch welches Chakra du sie aufnimmst, jede Energie wird immer den Weg dorthin finden, wo du sie am meisten benötigst.

Und nun stell dir vor, wie durch diese Farben eine weitere Energie fließt, die getragen wird von Weisheit und Wissen, von Licht und Liebe, von Verstehen. Bist du verbunden mit den Kräften des Lichts, dann löse dich von Vorstellungen, die etwas mit Hierarchien zu tun haben im menschlichen Denken. Da in unseren Dimensionen kein Ego mehr existiert, gibt es auch keine Hierarchie.

Hierarchien sind etwas für die Menschen, die für sich noch eine Einteilung und Wertung brauchen. Sie benötigen etwas über sie Herrschendes, etwas, das ihnen überlegen sein soll, denn es stellt für sie sicher, dass sie nicht selbst in die eigene Meister/innenschaft gehen müssen.

Ist es für diese Menschen so richtig, dann soll es auch genauso sein. Es ist immer die freie Entscheidung.

Nicht jeder Mensch ist bereit, sich in dem eigenen Sein aus hierarchischen Strukturen zu lösen und in allem das spirituelle Sein anzunehmen. Für die eigene Wertung ist es manches Mal wichtig zu sagen, der andere sei besser oder weiter, um dann den eigenen Weg daran auszusteuern.

Auf der Ebene der Meisterinnen und Meister ist es so, dass jede und jeder tut, was sie oder er ist.

Stell dir einmal vor, mehrere Personen sind gemeinsam in einem Raum. Nun sind in diesem Raum bestimmte Dinge zu tun. Einige Dinge sind oben in den Regalen zu tun, und die macht die Person, die dort am leichtesten rankommt. Andere Dinge sind schwer zu heben, und die hebt die Person, die die meiste Kraft hat. Und wenn alle zusammen alles tun, kann es leicht und fließend gehen. Beginnt nun eine Person zu bedauern, dass sie nicht soviel Kraft hat, meldet sich ein Mangel, und aus diesem Mangelgefühl des alltäglichen Selbst entsteht eine Irritation im Fluss der Handlungen. Die Energie wird von der Handlung abgezogen, die Handlung wird geschwächt, und die Energie geht zu dem Thema des alltäglichen Selbst. Nun sagt eine andere Person, er würde sich auch ärgern, nicht so groß zu sein, und jetzt kann eine Diskussion darüber entstehen, welcher Mangel nun wichtiger ist. Es sind beides Themen des alltäglichen Selbst, denn das spirituelle Selbst kennt keinen Mangel.

Solche Themen finden in der Dimension der Meisterinnen und Meister nicht statt, denn die Grundlage des Seins und das spirituelle Sein sind dort der Weg. So ist keine Hierarchie nötig, denn es steht die Erkenntnis, dass alle auf dem Weg sind, in Einklang und Liebe, über allem.

Stell dir meine Energie wie einen Verstärker für die Neue Zeit vor, in der nun alles erinnert wird und wieder an das Licht der Sonne gehoben werden kann.

Jede der Farben bekommt eine Nuance von Weisheit, Licht, Kraft und Liebe hinzu, verstärkt sich, wird machtvoller und sanfter, erhellt sich dadurch und wird für dich leichter anzunehmen. Deine Perspektive verändert sich, es entsteht eine Distanz zum Geschehen und zum materiellen Sein. Du bist auf dem Weg zum Wissenden.

Erschrick nicht vor der Macht, denn es ist auch eine Macht und Ermächtigung, Gutes und Schönes in die Schöpfung tragen zu dürfen. Siehe Macht nicht als etwas Bedrohliches und Beängstigendes. Macht ist immer das, was der Einzelne daraus „macht".

Stehst du in einer liebevollen, heilenden Macht, wirst du genau das in die Schöpfung bringen. Bist du bereit, in deine Macht zu gehen, ermächtigt zu sein, wirst du immer wieder Themen begegnen, die dich mit deiner Ohnmacht konfrontieren. Lerne, diese Themen machtvoll zu nehmen, denn was du nicht ändern kannst, solltest du erkennen können und dann loslassen. Du hast auch die Macht, Menschen, Materie und Themen loszulassen, auch das gehört zu deiner Macht. Wichtig ist, dass du es in Liebe und Vergebung tust, um dich aus alten Verstrickungen zu lösen.

Ich werde in den Übersetzungen als „Meister der Meister" genannt, wie empfindest du diese Formulierung? Denkst du jetzt, ich würde „über" den anderen Meister/innen stehen? Denke nicht menschlich, denke göttlich.

Ich bin zwischen ihnen, mit ihnen, unter ihnen, über ihnen; immer so, wie es erforderlich ist. Die Meister/innen stellen eine Energiegruppe dar, durch die ich wirke. Ohne sie wäre auch ich nicht.

Vergleiche es ruhig mit dem Stromnetz. Eine zu hohe Voltzahl kann zerstörerisch wirken, eine geringe Voltzahl heilerisch.

In der Bibel und auch in anderen Heiligen Schriften sind Beschreibungen über die Erscheinungen starker göttlicher Kräfte, die manches Mal fast unerträglich für die Menschen waren, denen sie erschienen.

Die Meister/innen werden den Kontakt zu dir immer so halten, wie du ihn gut vertragen kannst, selbst wenn du ihn dir intensiver wünschst, bleiben die Meister/innen in der Verantwortung und der Fürsorge. Also sei nicht traurig oder enttäuscht, wenn du manchmal das Gefühl hast, uns nicht intensiv genug spüren zu können. Wir sind trotzdem präsent.

Ich kann sehr kraftvoll wirken, und es ist gut, dass ich nur selten alleine wirke. Es hat alles seinen Sinn, es ist alles richtig, wie es ist.

Ich wirke sehr gerne in Verbindung mit den Meister/innen, denn ihre Strahlen erfüllen die emotionalen und mentalen Bereiche des Energiekörpers, während ich auf Geist und Seele wirke. Manchmal wird meine Energie als „sachlich" empfunden, was ein Ausdruck des Wissenden ist.

Weisheit kann manchmal wehtun, aber immer helfen, Themen aus einer höheren Warte zu betrachten und in größere Zusammenhänge zu setzen.

Weisheit hilft, sich ein wenig vom Ego zu entfernen, einen Schritt zurückzutreten und Distanz einzunehmen.

Der göttliche Schöpfungsplan erfüllt sich aus sich heraus.

Geh deinen Weg in Frieden, Liebe und Macht. Du bist ermächtigt, dein Leben in Frieden und Liebe zu gestalten.

Und so bist auch du auf deinem Weg, dein alltägliches Selbst zu bemeistern, und du bist deine eigene Meisterin, dein eigener Meister. Weiter und weiter ent-wickelst du dich und gehst Schritt für Schritt in deine ganz eigene Zukunft auf deinem ganz eigenen Weg.

Und immer, wenn du es willst, reicht dir eine Meisterin oder ein Meister die Hand, und so wächst du, und so wachsen wir: in Resonanz zueinander und miteinander in tiefer Verbundenheit durch das Licht von Allem-was-ist.

Der Maha Cohan

Gebet und Aktivierung des zwölften Chakras

Stell dich gerade hin, die Arme hoch, die Handflächen geöffnet nach oben, die Beine leicht gespreizt. Stehe fest und gerade in einem Kreis aus neun Bergkristallen. Hast du keine neun Bergkristalle, so begib dich an einen Platz, an dem du dich besonders wohl und sicher fühlst, und sprich die Anrufung dort.

„Ich bin eine Säule aus Licht, ich bin eine Säule des Lichtes, das ich bin.

Ich bin Heilung, ich bin Frieden, ich bin Reichtum, ich bin Liebe, ich bin Wohlstand.

Ich stehe in meinem zwölften Chakra und bin erfüllt von dem Licht, das ich bin.

Ich bin verbunden mit meinem Tempelchakra und meinem Erdchakra, mein Lichtkörper und mein physischer Körper sind erfüllt von Licht und Liebe, von Frieden und Wohlstand, von Reichtum und Heilung.

Ich bin eine Säule aus Licht, ich bin eine Säule des Lichtes, das ich bin.

Ich bin Liebe und Licht; ich bin Frieden und Wohlstand; ich bin Reichtum und Heilung.

Ich bin das Sternenkind, das Gaia mit Farbe, Heilung, Frieden, Wohlstand und Licht erfüllt. Ich bin das Lichtkind, das ich bin.

Das Licht, das ich bin, entfernt, löst und löscht die dunkle Saat aus aller Zeit aus allen meinen Körpern und meinem multidimensionalen Sein.

Die Heilung, die ich bin, entfernt, löst und löscht die dunkle Saat aus aller Zeit aus allen meinen Körpern und meinem multidimensionalen Sein.

Der Frieden, der ich bin, entfernt, löst und löscht die dunkle Saat aus aller Zeit aus allen meinen Körpern und meinem multidimensionalen Sein.

Der Wohlstand, der ich bin, entfernt, löst und löscht die dunkle Saat aus aller Zeit aus allen meinen Körpern und meinem multidimensionalen Sein.

Die Liebe, die ich bin, entfernt, löst und löscht die dunkle Saat aus aller Zeit aus allen meinen Körpern und meinem multidimensionalen Sein.

Der Reichtum, der ich bin, entfernt, löst und löscht die dunkle Saat aus aller Zeit aus allen meinen Körpern und meinem multidimensionalen Sein.

Ich bin Liebe und Licht; ich bin Frieden und Wohlstand; ich bin Reichtum und Heilung.

Ich bin Liebe und Licht; ich bin Frieden und Wohlstand; ich bin Reichtum und Heilung.

Ich bin Liebe und Licht; ich bin Frieden und Wohlstand; ich bin Reichtum und Heilung.

Ich bin der sichtbare Ausdruck des Lichts. So sei es.

Danke"

Nachwort

Dieses Buch entstand, weil die Dinge sich verändern.

Als 1992 die Kristalle und Edelsteine kraftvoll in mein Leben traten und ich mir endlich auch die, mit denen mich bereits meine Mutter verband, wieder anschaute, begannen sich Teile meines Selbst zu öffnen, die ich niemals erwartet hätte. Mein ständiger spiritueller Begleiter Maha Cohan stellte sich unter anderem als ein Kristallwissender heraus und Steine, die ich nicht hätte finden können, fanden mich.

So kamen dann zu all den wunderschönen Heilsteinen auch die Lemuria-Kristalle zu mir und eröffneten mir Zugänge zu Vergangenheit, Gegenwart und Zukunft und führten und führen mich durch die Dimensionen, immer begleitet vom Maha Cohan, seinen Worten und Erklärungen.

Es wird weitergehen in die Neue Zeit, die Neue Energie. Vieles wird sich ändern, und wir werden flexibel und gelassen sein, um mit diesen Veränderungen umgehen zu können und uns aus alten, destruktiven Denkstrukturen zu lösen und für die nachfolgenden Generationen eine heile und lichtvolle Gaia zu erschaffen und zu hinterlassen.

Der Maha Cohan und die Kristalle und Heilsteine, die so wunderbar ihre Wege über Gaia finden, werden uns begleiten.

Freuen wir uns, bei diesem Quantensprung des Bewusstseins genau hier zu sein, auf Gaia. In dieser Schöpfung, die auch unsere Schöpfung ist.

Es ehrt und freut mich, dass ich dieses Buch schreiben durfte, und es ehrt und freut mich, dass du es gelesen hast.

Für Fragen schreibe mir bitte eine eMail, ich sende dir dann den Link zu dem Forum zu.

Petra Aiana

Petra Aiana Freese
Lady Portia – Die Kräfte der neuen Weiblichkeit
144 Seiten, A 5, broschiert
ISBN 978-3-938489-53-6

Auf Grund ihrer tiefen Liebe zur vollkommenen Schöpfung und der Großen Göttin macht uns die Aufgestiegene Meisterin Lady Portia ein Konzept zum Geschenk, mit dem wir uns als vollständige und freudvolle Wesen der Großen Göttin kennen, verstehen und lieben lernen, indem wir die vier Aspekte in uns leben und lieben: Die Priesterin, die Lehrerin, die Heilerin und die Kriegerin.
Mit ihrer Hilfe gelingt es, uns als Frauen klar und neu zu definieren und somit auch das mannigfaltige Leid unserer Ahninnen und das von Gaia zu heilen.
Und daher wünscht sie sich, dass auch Männer dieses Buch lesen und umsetzen, wenn sie bereit sind, sich auf ihre weibliche Seite einzulassen.

Eva-Maria Ammon
Lady Rowena – Die Kraft der Göttin in dir
Ein Heilungsbuch
248 Seiten, broschiert
ISBN 978-3-938489-43-7

Lady Rowena erinnert uns an unsere enge Verbundenheit mit Mutter Erde (Gaia), der Göttin (weiblicher Anteil der Quelle), den Kristallen und dem Universum.
Sie zeigt uns mit ihrer liebevollen Energie den Weg, wie wir das Heilsein und die Ganzheit in unser Leben integrieren und in Liebe Heilung in das Leben eines jeden bringen können.
Ein Praxis-Heilungsbuch für die Zeit der Weiblichkeit in jedem Menschen, die auf unserer Erde geschunden und verraten wurde und in uns allen neu erwachen will, damit Frieden, Liebe und Licht auf der Erde zur Wahrheit werden.

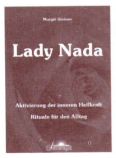

Margit Steiner
Lady Nada - Aktivierung der inneren Heilkraft
Rituale für den Alltag
104 Seiten, A5, gebunden, mit Lesebändchen
ISBN 978-3-938489-71-0

Lady Nada, Meisterin der Lebensfreude und Hingabe, hilft uns, unsere tiefe, innere Weiblichkeit zu erkennen und zu unserer inneren Urkraft zu gelangen, damit das Bild der inneren, heilen Frau, die wir gerne sein möchten, Teil unserer Persönlichkeit werden kann. Durch die Verankerung dieses vollkommenen Wesens tief in unserem Herzen legen wir den Grundstein zu einem glücklichen und erfüllten Leben.
Einfache Rituale (auch für Kinder), Meditationen und Übungen, die die Autorin alle selbst im Alltag ausprobiert hat, helfen uns, mit Leichtigkeit aus den Mustern und Erfahrungen unserer Vergangenheit auszusteigen.

Eva-Maria Ammon & Sananda
Tatort Jesus
Mein Neues Testament
360 Seiten, gebunden, mit Lesebändchen
ISBN 978-3-938489-77-2

„Erfahre einen ganz neuen Jesus, der voller Liebe für die Menschheit und die Erde ist. Erfahre Heilung in ihrer Vollkommenheit. Dieses Buch ist ein wahrhaft heilendes Geschenk an die Menschheit. Allein das Lesen seiner Worte heilt die Wunden aus Kindertagen und eines ganzen Lebens, wenn wir endlich die Wahrheit aus seinem eigenem Mund vernehmen, die so ganz anders ist als die Religionen uns weismachen wollen."
Tatort Jesus - Mein Neues Testament" ist revolutionär und geht über alles bisher Veröffentlichte hinaus.

Eva-Maria Ammon
Metatron
Ancient-Master-Healing
Selbstermächtigung durch Selbsteinweihung
272 Seiten, A 5, broschiert
ISBN 978-3-938489-63-5

Die Einweihung in deine Selbstermächtigung ist ein wundervolles Geschenk an dich, an die Erde und an die Menschheit. Erst die jetzige Zeit mit ihren erhöhten Energien macht dieses Wunder möglich, dass du wieder zu dem erwachen kannst, was du in Wahrheit bist – Licht!
Diese deine Vollkommenheit wird dir überreicht durch Metatron, Miranlaya, Sananda, Lady Gaia, Lady Kwan Yin und Saint Germain.
Dieses Arbeitsbuch ist ein Buch zur Selbsteinweihung und ermöglicht dir, dich in Verbindung mit den Aufgestiegenen Meistern und Meisterinnen in die kraftvolle Energie der Quelle selbst einzuweihen.

Eva-Maria Ammon
Aufgestiegene Meister bringen Heilung für die Welt
176 Seiten, A5, broschiert
ISBN 978-3-938489-19-2

Eva-Maria Ammon dient seit mehr als 20 Jahren als Channel Medium der Großen Weißen Bruderschaft, und so ist auch dieses Arbeitsbuch gemeinsam mit den Aufgestiegenen Meistern Sanandá, St. Germain, Sanat Kumara, Lady Nada, Kwan Yin, El Morya sowie dem Erzengel Ezechiel entstanden.
Nach intensiver Klärungsarbeit erfolgt eine Einweihung von St. Germain in die Violette Flamme des Aufstiegs, um dann im nächsten Schritt mit Lady Kwan Yin Karma erlösen zu dürfen – altes wie auch neues, das wir im Alltag immer wieder neu kreieren können.
Diese wunderschönen Botschaften und Übungen sind daher für viele Menschen eine praktische Hilfe auf dem spirituellen Weg.

Siona Ana
Serapis Bey – Klare Worte an die Menschheit
136 Seiten, A5, broschiert
ISBN 978-3-938489-85-7

Warum sterben so viele Menschen bei Unfällen, Naturkatastrophen oder ähnlichen Ereignissen?
Serapis Bey sowie Kuthumi, Sanat Kumara und Erzengel Gabriel zeigen uns auf, was sich in der Gedankenwelt der Menschheit ändern muss und übermitteln klare eindeutige Strukturen und Energien, um einen positiven Lebensverlauf einzuleiten.
Die Geistige Welt fordert uns auf, unser Leben in die Hand zu nehmen und in voller Eigenverantwortung zu meistern.
Ein klares Buch für die gesamte Menschheit, egal, ob spirituell orientiert oder nicht.

Patrizia Pfister
Kryon – Weckruf für die Menschheit
Botschaften aus der Quelle
488 Seiten, A5, gebunden, mit Leseband
ISBN 978-3-938489-81-9

Dieses Buch ist das Ergebnis des Wirkens der Gnade und wurde unter der Schutzherrschaft des silber-schimmernden Strahls geschrieben. Die Fülle an Heilungs-meditationen ist ein einmaliges Geschenk der Quelle für die Aufstiegszeit.
Es werden 56 Heilungsmeditationen vorgestellt, die von „Ankommen im Körper", „Einsammeln von Seelensplittern", über „Heilung des Geburtstraumas" bis hin zur „Erneuerung des Lichts" reichen. Kryon erläutert die Gründe für die einzelnen Medi-tationen und gibt Hintergrundinformationen dazu, während die Meditationen direkt aus der Quelle gechannelt wurden.
Mit diesem Werk liegt ein weiterer Grundstein für das Neue Zeitalter vor, auf den viele bauen können."

Christiane Tenner
Seth – Leben im Zeitalter des Wassermanns
ca. 160 Seiten, A 5, broschiert
ISBN 978-3-938489-88-8

Seth, der durch die Bücher von Jane Roberts bekannt wurde, meldet sich mit einem neuen Werk zurück. Sowohl Gaia als auch die Menschheit sind tiefgreifenden Veränderungen unterworfen. Eingeleitet durch den Beginn des Wassermannzeitalters macht sich die Menschheit auf, Gaia bei ihrem Aufstieg zu begleiten.
Seth liefert einen praktischen Leitfaden mit Themen, die den Alltag eines jeden von uns betreffen, und Anleitungen, sich auf diese Veränderungen bewusst einzulassen. Dabei geht er auf gesellschaftliche, strukturelle sowie individuelle Veränderungen ein und zeigt Tendenzen in der Entwicklung aktueller Themen von Mensch und Gesellschaft.

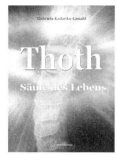

Gabriele Kadanka
Thoth – Säule des Lebens
152 Seiten, A5, gebunden, mit Leseband
ISBN 978-3-938489-83-3

Es ist der Augenblick gekommen, euch Erdenkinder einen weiteren Teil des atlantischen Wissens freizugeben.
Die Spannungen und Schmerzen eures Rückens sowie auch die Spannungen und das Chaos auf eurem Planeten nehmen zu, weil ihr die Balance der Energien des Himmels und der Erde verloren habt. Reinigt eure irdischen Säulen vom Schatten der Vergangenheit, lasst Altes los. Erlöst jeden Teil, jeden Wirbel eurer Säule. Führt ihn aus dem Schatten der Vergänglichkeit ans Licht. Jeder Teil eurer Wirbelsäule trägt dazu bei, die Schwingung der Lichtsäule der Erde zu erhöhen.
Habt den Mut, die Wahrheit über euch zu hören und lernt, euch selbst zu lieben."

Sabine Skala
Atlantisheilkarten
44 Heilkarten mit Begleitbüchlein
ISBN 978-3-938489-78-9

44 neue Symbole aus verschiedenen Bereichen wurden jetzt von den atlantischen Priestern für die Menschheit freigegeben. Diese Symbole strahlen eine sehr hohe Schwingung aus, die unser Leben wieder ins Gleichgewicht bringen kann, und wirken ganzheitlich auf allen Ebenen - körperlich, seelisch und geistig - und transformieren unsere Zellen so, wie es ihrem göttlichen Ursprung entspricht.
Den atlantischen Priestern ist es ein großes Anliegen, uns bei diesem Aufstiegsprozess in die Fünfte Dimension zu helfen, um in Liebe mit uns und anderen zu leben, denn nun ist es an der Zeit, wieder die Herzkommunikation, die Verbindung zur göttlichen Quelle und zu unserem höheren Selbst, aufzunehmen und eine Ära der göttlichen Liebe und des lichtvollen Friedens einzuläuten.

Kornelia Wöllner
Erwachen in Liebe - Befreiung für die Menschheit
352 Seiten, A5, gebunden, mit Leseband
ISBN 978-3-938489-87-1

Die Autorin hilft zu erkennen, dass wir in einer Illusion der Trennung von unserem wahren Selbst leben. Indem wir uns diese Illusion zuerst bewusst machen, um sie dann fühlen zu können, ist Erlösung möglich – das Erwachen.
Als Erwachte sind wir in der Lage, bewusst eine neue Wahl zu treffen, um den Leiderschaffungsprozess auf der Erde zu beenden und damit den Weg in das göttliche Einheitsbewusstsein zu ebnen. In unserem Prozess des Aufstiegs in eine neue Seinsdimension steht uns eine gigantische friedliebende Kraft zur Seite, die „Galaktische Förderation des Lichts", die uns Menschen am Ende der alten Zeitrechnung und mit Beginn des neuen Zeitalters – im Jahre 2012 – in Liebe aufnehmen wird.